Vorpyrenäen I: Landkreis La Noguera

Vorpyrenäen II: Landkreise Pallars Jussà, Alt Urgell und Solsonés

Pyrenäen I: Vall Fosca und Parc Nacional d'Aigüestortes i Estany de Sant Maurici

Pyrenäen II: Parc Natural de l'Alt Pirineu

Pyrenäen III: Landkreis La Cerdanya

Nebelmeer unter dem Montalegre (Tour 5)

Katalonien:

Alle Informationen, schriftlich und zeichnerisch, wurden nach bestem Wissen zusammengestellt und überprüft. Sie waren korrekt zum Zeitpunkt der Recherche. Eine Garantie für den Inhalt, z. B. die immerwährende Richtigkeit von Preisen, Adressen, Telefon- und Faxnummern sowie Internetadressen, Zeit- und sonstigen Angaben, kann naturgemäß von Verlag und Autor – auch im Sinne der Produkthaftung – nicht übernommen werden.

Der Autor und der Verlag sind für Lesertipps und Verbesserungen (besonders per E-Mail) unter Angabe der Auflagen- und Seitennummer dankbar.

Dieses OutdoorHandbuch hat 159 Seiten mit 65 farbigen Abbildungen, 32 farbigen Kartenskizzen im Maßstab 1:25.000/50.000/75.000 sowie 29 farbigen Höhenprofilen und einer farbigen, ausklappbaren Übersichtskarte. Es wurde auf chlorfrei gebleichtem Papier gedruckt, in Deutschland klimaneutral hergestellt und transportiert und wegen der größeren Strapazierfähigkeit mit PUR-Kleber gebunden.

ClimatePartner°
klimaneutral

Druck | ID 10951-1712-1003

Dieses Buch ist im Buchhandel und in Outdoor-Läden erhältlich und kann im Internet oder direkt beim Verlag bestellt werden.

OutdoorHandbuch aus der Reihe „Regional", Band 350

ISBN 978-3-86686-466-5 1. Auflage 2018

Text und Fotos : Annika Müller
Karten: Heide Schwinn
Lektorat und Layout: Anna-Lena Ebner

Gesamtherstellung: gutenberg beuys feindruckerei

Dieses OutdoorHandbuch wurde konzipiert und redaktionell erstellt vom:

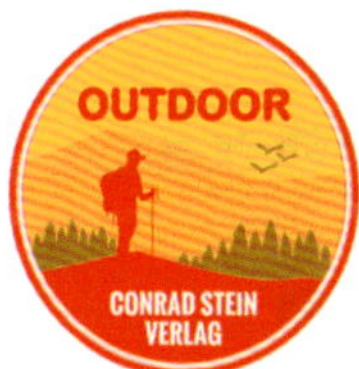

Conrad Stein Verlag GmbH, Kiefernstr. 6, 59514 Welver,
☏ 023 84/96 39 12, FAX 023 84/96 39 13,
info@conrad-stein-verlag.de,
www.conrad-stein-verlag.de

Besuchen Sie uns bei Facebook & Instagram:

 www.facebook.com/outdoorverlag

 www.instagram.com/outdoorverlag

Titelfoto: Alt Urgell Coscollet (Tour 11)

Inhalt

Katalanische Pyrenäen und Vorpyrenäen der Provinz Lleida 7

Reise-Infos 9

Anreise 9
Unterkünfte 10
Verkehrsmittel 12
Klima & Reisezeit 12
Karten 13
Wichtige Adressen und Telefonnummern: 14
Wörterbuch 15
GPS 17
Updates 17

Vorpyrenäen I: Landkreis La Noguera 18

1 Congost de Montrebei (21,6 km) 19
⇆ *Tour für Naturliebhaber*

2 Große Rundtour auf den Montsec (14,3 km) 25
↻ *Tour für Naturliebhaber*

3 Puig de Millà (13,7 km) 31
↻ *Tour für Romantiker und Liebhaber der Einsamkeit*

4 Balconet de Santa Linya (9 km) 35
↻ *Tour für Naturliebhaber und geschichtlich Interessierte*

5 Montalegre (14 km) 39
↻ *Tour für Naturliebhaber und geschichtlich Interessierte*

6 Sant Llorenç de Montgai (8,2 km) 44
↻ *Tour für Genießer und Naturliebhaber*

7 Congost de Mu - Serra Carbonera (24,5 km) 48
↻ *Tour für Naturliebhaber, Sportliche und geschichtlich Interessierte*

Vorpyrenäen II: Landkreise Pallars Jussà, Alt Urgell und Solsonés 53

8 Roca Regina (8,2 km) 54
↻ *Tour für Naturliebhaber*

⑨ Sant Salvador de Bosc (12,6 km) 57
⇆ *Tour für Naturliebhaber und Kulturinteressierte*

⑩ Castell de Mur (16,9 km) 61
↻ *Tour für Naturliebhaber, Geschichts- und Kulturinteressierte*

⑪ Les Masies de Nargó - Coscollet (17,6 km) 65
↻ *Tour für Naturliebhaber*

⑫ Peramola - Roca del Corb (14,7 km) 69
↻ *Tour für Naturliebhaber und Kulturinteressierte*

⑬ Santuari del Lord (2,3 km) 74
↻ *Tour für Naturliebhaber und Kulturinteressierte*

⑭ Cingles de Busa (19,3 km) 78
↻ *Tour für Naturliebhaber, Kultur- und Geschichtsinteressierte*

Pyrenäen I: Vall Fosca und Parc Nacional d'Aigüestortes i Estany de Sant Maurici 85

⑮ Estany de Montcortès (4,8 km) 86
⇆ *Tour für Naturliebhaber*

⑯ Montsent del Pallars (12,5 km) 89
↻ *Tour für Naturliebhaber*

⑰ Vall Fosca: Estany Tort (6 km) 93
↻ *Tour für Naturliebhaber und geschichtlich Interessierte*

⑱ Vall Fosca: Pic de Peguera (22 km) 98
⇆ *Tour für Naturliebhaber und geschichtlich Interessierte*

⑲ Pic de Subenuix (13,2 km) 104
⇆ *Tour für Naturliebhaber und Sportliche*

⑳ Estany de Sant Maurici (7,8 km) 108
↻ *Tour für Naturliebhaber*

21 Estany de Gerber (8 km) 113
⇆ *Tour für Naturliebhaber*

22 Punta Alta de Comalesbienes (14 km) 116
↻ *Tour für Naturliebhaber*

23 Vall de Boí (10,5 km) 121
↻ *Tour für Naturliebhaber und Kulturinteressierte*

24 Taüll - Cabdella (16,5 km) 127
→ *Tour für Naturliebhaber*

Pyrenäen II: Parc Natural de l'Alt Pirineu 131

25 Pica d'Estats (19 km) 132
⇆ *Tour für Naturliebhaber und Sportliche*

26 Estany de Mascarida und Estany del Diable (6,8 km) 137
⇆ *Tour für Naturliebhaber*

27 Estany de Mariola (5,8 km) 140
⇆ *Tour für Naturliebhaber*

28 Farrera - Burg (9,5 km) 143
↻ *Tour für Naturliebhaber und Kulturinteressierte*

Pyrenäen III: Landkreis La Cerdanya 148

29 Estany de Malniu (4,2 km) 149
↻ *Tour für Naturliebhaber*

30 El Cadí/Vulturó (16 km) 152
↻ *Tour für Naturliebhaber und Sportliche*

31 Ribera de l'Alt Segre (5,4 km) 157
⇆ *Tour für Naturliebhaber und Familien mit Hund*

Katalanische Pyrenäen und Vorpyrenäen der Provinz Lleida

„Catalonia is not Spain", so steht es als Graffito in jeder katalanischen Stadt und auf den Bannern, die die Fans des Fußballclubs Barcelona in die Kameras der internationalen TV-Anstalten halten. Katalonien versucht sich von Spanien zu distanzieren. Am 1. Oktober 2017 stimmten die Katalanen in einem Unabhängigkeitsreferendum dafür, sich von Spanien zu trennen. Daraufhin wurde im katalanischen Parlament die Unabhängigkeit erklärt. Zu Redaktionsschluss waren einige katalanische Regierungsmitglieder gerade dafür inhaftiert worden, was die Gräben zwischen Spanien und Katalonien weiter vertiefte. In der Tat hat Katalonien eine eigene Kultur und Sprache: Katalanisch, das in Katalonien neben dem Spanischen Amtssprache ist. In den Regionen, die in diesem Führer vorgestellt werden, ist Katalanisch Alltagssprache. Die meisten Katalanen sprechen jedoch auch Spanisch.

Während der Zeit des Diktators Francisco Franco von 1936 bis 1975 wurden die Sprache und Kultur Kataloniens unterdrückt und zeitweise komplett verboten. Nach dem Übergang zur Demokratie erlebten traditionelle katalanische Feste, Sportarten, Musik und anderes Kulturgut dann aber ein umso stärkeres Revival. So zum Beispiel die „Castells" – das sind Menschentürme, bei denen Männer und Frauen jeweils auf den Schultern anderer „Castellers" stehen und so bis zu neunstöckige Bauwerke aus Menschen schaffen. Jedes Jahr werden in Tarragona sogar Weltmeisterschaften im Bau der Castells ausgetragen. Aber auch die „Sardanes" genannten Kreistänze zu mittelalterlicher Schnabelflötenmusik werden von Jung und Alt geliebt und an Wochenenden oder Feiertagen auf den Dorfplätzen vorgeführt. Außerdem sind da die Feuerteufel, die „Correfocs", die bei keinem Dorffest fehlen dürfen – um nur einige Beispiele zu nennen.

Landschaftlich hat Katalonien viel mehr zu bieten als die bekannten Strände an der Costa Daurada und Costa Brava. Im weitestgehend unbekannten Inland erhebt sich der Gebirgszug der Pyrenäen auf über 3.000 m Höhe. In der in diesem Buch vorgestellten **Provinz Lleida**, der nordwestlichsten Provinz Kataloniens, können Sie anspruchsvolle hochalpine Touren gehen.

Vom Tourismus noch oft unberührt sind auch die **Vorpyrenäen** der Provinz Lleida. Durch ihre tiefere Lage eignen sie sich als ideale Herbst-, Winter- und Frühjahrsdestination. Wer erstmals in der Gegend landet, der traut seinen Augen kaum. Wie unüberwindbare Mauern erheben sich senkrechte Felsmassive zwischen den Feldern mit Apfel-, Birnen- und Pfirsichbäumen in der Ebene von Lleida und dem Hochgebirge der Pyrenäen. Dazwischen laden kristallklare Stauseen zum Bad im klirrend kalten Wasser oder zum Kajakfahren ein. Die Flüsse Noguera Pallaresa, Noguera Ribagorçana und Segre haben tiefe Schluchten gegraben, an deren bis zu fast 1.000 m hohen Wänden nicht nur zahlreiche Greifvögel – darunter der seltene Bartgeier – nisten, sondern sich auch unzählige Möglichkeiten zum Klettern und Klettersteiggehen bieten. Touren in diesem Wanderführer führen durch die Landkreise La Noguera, Pallars Jussà, Alt Urgell und Solsonès.

Die **Pyrenäen** mausern sich gerade erst zur Tourismusdestination, daher sind die Täler und Gipfel entsprechend einsam. Allerorts gibt es verlassene Dörfer. Manche der einstigen Geisterdörfer wurden ab den 90er-Jahren von neuen Bewohnern Stein auf Stein wieder aufgebaut – wie Farrera. „Neorurals" nennt man die Menschen dieser Bewegung, die „neuen Ländlichen". Sie kommen aus der Stadt und nehmen das ursprüngliche Landleben mit all seinen Härten auf sich.

Viele der verlassenen und wiederbesiedelten Dörfer liegen im **Parc Natural de l'Alt Pirineu**. Das 69.850 ha große Naturschutzgebiet erstreckt sich im Norden bis zur französischen Grenze – und setzt sich dann auf französischer Seite fort –, im Süden bis nach Peramea zwischen Sort und La Pobla de Segur, im Westen bis in den Landkreis Vall d'Aran auf der Nordseite der Pyrenäen und im Osten bis nach Andorra. Die Dörfer in den Tälern Vall d'Àneu, la Vall de Cardos, la Vall Ferrera, la Vall de Santa Magdalena und la Vall de Siarb sind von der Schutzzone ausgespart.

Der einzige Nationalpark Kataloniens ist der **Parc Nacional d'Aigüestortes i Estany de Sant Maurici**. Er grenzt im Osten direkt an den Parc Natural de l'Alt Pirineu. Einige Touren in diesem Wanderführer liegen in seiner peripheren Schutzzone von insgesamt 40.852 ha und andere in der Kernzone von 14.119 ha Fläche. Der Nationalpark wird begrenzt durch die Flüsse Noguera Pallaresa und Noguera Ribagorçana und erstreckt sich über die Landkreise Alta Ribagorça, Pallars Sobirà, Pallars Jussà und Vall d'Aran. Erstaunlich ist der Wasserreichtum des Nationalparks (Aigüestortes heißt gewundene Gewässer), den man auf der trockenen Südseite der Pyrenäen eher nicht erwarten würde. Der Nationalpark weist die größte Dichte an Seen, Tümpeln und Teichen der iberischen Halbinsel und angeblich die größte Zahl an Hochgebirgsseen in Europa auf. Diktator Francisco Franco ließ das Gebiet schon im Jahr 1955 zum Nationalpark erklären. Zuvor hatte er dort allerdings mehrere Projekte zur Nutzung von Wasserkraft durchführen lassen. Die Staumauern prägen einige der Wanderungen und stehen im Kontrast zu der unberührten Natur der Kernzone.

Unbedingt besichtigungswürdig ist das **Vall de Boí**, über das man den Parc Nacional d'Aigüestortes i Estany de Sant Maurici im Südwesten erreicht und dessen romanische Kirchen von der UNESCO zum Weltkulturerbe erklärt wurden.

Bei den Touren 23 und 24 können Sie die Kirchen von Durro, Taüll, Boí und Barruera besichtigen. Weitere Täler, über die man in den Nationalpark gelangt, sind das Tal Vall de l'Escrita im Osten mit dem Wintersportzentrum Espot und das Vall Fosca im Süden.

Sowohl im Naturpark Alt Pirineu als auch im Nationalpark Aigüestortes i Estany de Sant Maurici können Sie auf den Wanderungen übrigens zahlreiche geschützte Pflanzen- und Tierarten sichten. Der imposanteste Vertreter der Fauna ist wohl der Braunbär, von dem es noch rund 40 Exemplare in den Pyrenäen gibt. In der ganzen Provinz Lleida, besonders aber in den Vorpyrenäen, sind Geier – Schmutz-, Gänse-, aber auch der seltene Bartgeier – stete Begleiter auf Wanderungen.

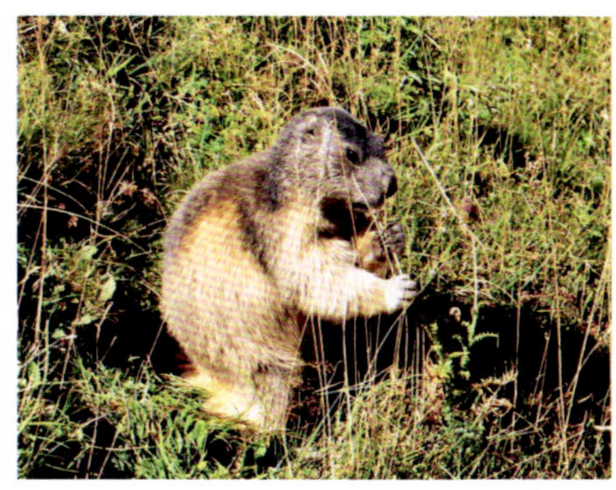

Murmeltier

Reise-Infos

Anreise

Mit dem Flugzeug können Sie nach Barcelona (alle Airlines), Girona oder Reus (beide werden von Ryanair angeflogen) fliegen. Dann können Sie mit dem Zug (www.renfe.es oder www.rodalies.es) nach Lleida reisen und von dort weiter in die jeweiligen Zielgebiete. Manche der Touren können Sie von Barcelona aus ohne Umweg über Lleida per Bus oder Bahn erreichen. Mit der Verbindungssuchmaschine der katalanischen Regierung (mou-te.gencat.cat) finden Sie die jeweiligen Anschlüsse. Nicht alle Touren sind mit öffentlichen Verkehrsmitteln erreichbar. Wer flexibel sein will, nimmt sich einen Mietwagen.

Es gibt aus verschiedenen deutschen Städten Zugverbindungen nach Lleida mit Umstieg in Paris und Barcelona, zum Beispiel von Mannheim, Köln, Stuttgart und München (eine Verbindung pro Tag).

Mit dem Auto fahren Sie durch Frankreich und dann entweder über Andorra oder über Perpignan und an der Küste entlang bis Girona. Über die „Eix" genannte Schnellstraße C-25 kommen Sie dann bis Lleida.

Unterkünfte

Für manche der Touren in den Pyrenäen bietet es sich an, in einer Berghütte zu übernachten. Diese können Sie online unter www.lacentralderefugis.com buchen.

Unterkünfte, die speziell auf Wanderer zugeschnitten sind, können Sie über Benvinguts (vom Tourismusamt der Provinz Lleida) buchen.

- Benvinguts, Rambla de Ferran 18, 25007 Lleida, ☏ +34-872 02 75 67, hola@benvinguts.cat, www.benvinguts.cat.

Für die Regionen sind folgende Unterkünfte zu empfehlen:

Tour 1-12:

- Visit la Noguera, ganzes Haus oder Privatzimmer (der Autorin), C/La Betllé 9, 25613 Sant Llorenç de Montgai, ☏ +49-17 84 08 47 23 oder +34-697 81 92 99, www.visitlanoguera.com
- Camping La Noguera, Partida la Solana, s/n, 25613 Sant Llorenç de Montgai, ☏ +34-973 42 03 34, info@campinglanoguera.com, www.campinglanoguera.com

Tour 13, 14:

- Hotel l'Avet, Carrer l'Avet 13-15, 25284 Port del Comte, ☏ +34-973 29 93 95, http://www.hotelavet.com, nettes Sporthotel in günstiger Ausgangslage für Touren im Solsonès

Tour 15, 23, 24:

- Hotel Manential, Carrer Afores, s/n, 25528 Caldes de Boí, ☏ +34-973 69 62 10, www.caldesdeboi.com, das dem Nationalpark am nächsten gelegene Hotel mit Schwimmbad und Spa

- Hotel Fondevilla, Carretera de Taüll 2, 25528 Boí, ☏ +34-973 69 66 00, einfaches Hotel für Wanderer und Familien

Tour 17, 18, 22:

- Casa Leonardo, Carrer la Bedoga 2, 25514 Senterada, ☏ +34-973 66 17 87, www.casaleonardo.net, strategisch sehr günstig gelegene, kleine Pension mit wunderhübschen Zimmern und Besitzern mit hoher Wanderexpertise, die selbst Wandertouren ausschildern und Führer veröffentlichen
- L'era del Marxant, Plaça Portal 25, 25513 La Pobleta de Bellveí, ☏ +34-973 66 17 35, www.leradelmarxant.es, nette Pension in renoviertem, altem Steinhaus, ein sehr wanderaffiner Besitzer, der auch mal mit dem Jeep-Taxi eine Tour organisiert

Tour 19, 20, 21:

- Hotel La Morera, Avinguda Port de la Bonaigua, 25587 València d'Àneu, ☏ +34-973 62 61 24, www.hotel-lamorera.com, gutes Hotel in wunderhübschem Dorf
- HA Trainera, Carrer Major 54, 25580 Esterri d'Àneu, ☏ +34-973 62 67 89, www.hoteltrainera.com, gehobenes Aparthotel mit Spa
- Camping Voraparc, Carretera Parc Nacional, s/n, 25597 Espot, ☏ +34-973 62 41 08, www.voraparc.com, besonders idyllisch am Riu Escrita am Eingang des Nationalparks gelegen und mit hübschen Bungalows ausgestattet
- El Nou Camping, ☏ +34-973 62 62 66 und +34-973 62 62 61, noucamping@noucamping.com, www.noucamping.com, günstige Lage im Vall d'Aneu, schöne Bungalows, deutschsprachige Mitarbeiter

Tour 25, 26, 27:

- Hotel Estanys Blaus, Carrer Únic, s/n, 25577 Tavascan, ☏ +34-973 62 31 78, www.llacscardos.com. Die beiden Hotels des Orts gehören zusammen und sind sehr auf Wanderer ausgerichtet. Die Besitzerin steht für alle Fragen zur Verfügung.

Tour 29, 30:

- Cal Calsot, Carrer Tossal, s/n, 25725 Montellà del Cadí, ☏ +34-973 51 53 69, www.calcalsot.com, wunderhübsche Casa Rural, tolle Lage und Einrichtung, ideal für Wanderer, fantastisches Essen
- Hotel Muntanya Resort, Carrer Puig 1, 25727 Prullans, ☏ +34-973 51 02 60, www.prullans.net/hotel-muntanya-spa. Das Hotel mit Schwimmbad und Spielplatz,

zu dem auch Ferienwohnungen gehören, ist auf Familien und Wanderer ausgerichtet. Es werden vom hauseigenen Guide Touren angeboten.

☺ Sofern es nicht ausdrücklich verboten ist, darf man in Spanien auch außerhalb von Campingplätzen ein Zelt aufstellen. In den Naturschutzgebieten und im Nationalpark wird dies jedoch nur auf über 2.000 m Höhe und maximal für eine Nacht (20:00 bis 8:00) geduldet. Feuermachen ist absolut verboten.

Verkehrsmittel

Das größte spanische Busunternehmen ist Alsa (☏ +34-902 42 22 42, www.alsa.es). Der Nationalparkbus (ebenfalls Alsa) fährt alle Dörfer um den Nationalpark Aigüestortes i Estany de Sant Maurici an. Er fährt zwischen dem 21. Juni und 30. September zweimal täglich von Sort nach Taüll: Pla de l'Ermita und umgekehrt. Auskunft über die Fahrzeiten gibt es unter ☏ +34-973 69 61 89.

Die größten Zugunternehmen vor Ort sind Renfe (☏ +34-902 32 03 20, www.renfe.es) und Ferrocarils de la Generalitat de Catalunya (☏ +34-932 05 15 15, www.fgc.cat). In die Pyrenäen fährt allerdings ausschließlich der „Zug der Seen", der Tren dels Llacs, von Lleida oder Balaguer aus (www.trendelsllacs.cat).

Für die Touren 19 und 20 können Sie Jeep-Taxis von Espot aus nutzen (☏ +34-973 62 41 05, www.taxisespot.com). Diese fahren ganzjährig von 9:00 bis 19:00 je nach Bedarf, außerhalb der Sommermonate teilweise auch nur bis 17:00 oder 18:00. Rückfahrten gibt es immer zur vollen Stunde am Estany de Sant Maurici.

Klima & Reisezeit

In Katalonien kann es im Sommer sehr heiß werden. Allerdings sind die Pyrenäen ein Hochgebirge, in dem bis weit in den Juni hinein auch Schnee liegen kann und es im September oder Oktober zu ersten Schneefällen kommt. Für die Touren auf 2.000 m Höhe sind daher selbst im Sommer warme Jacken und vor allem Regenschutz wichtig. Im Winter sind diese hochalpinen Touren nur mit entsprechender Ausrüstung machbar. Touren auf mittlerer Höhe sind fast das ganze Jahr über machbar, wenn auch hier im Winter die Schneelage beachtet werden muss.

Umgekehrt verhält es sich bei den Touren in den niedrigeren, trockenen Vorpyrenäen. Hier ist die ideale Wanderzeit Herbst bis Frühjahr. Im Sommer können Sie ebenfalls alle Touren gehen, müssen aber die Mittagshitze meiden.

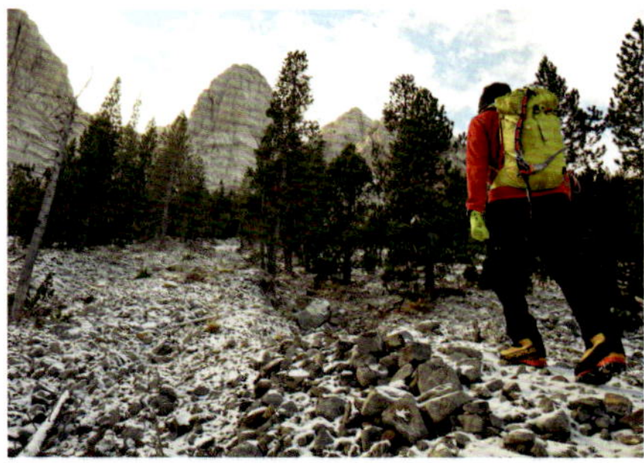

Spätherbst und erster Schneefall am Prat de Cadí

☟ Für alle Touren ist festes Schuhwerk (Turnschuhe oder leichte Bergstiefel in den Vorpyrenäen, im Hochgebirge Bergstiefel) ratsam!

Karten

Für Katalonien gibt es nach Landkreisen („Comarcas“) aufgeteilt Karten des staatlichen Instituts für Kartografie (Institut Cartogràfic de Catalunya, ICC) im Maßstab 1:50.000. Diese „mapes comarcals de Catalunya“ sind allerdings etwas veraltet und je nach Landkreis etwas ungenau was die Wanderwege betrifft. Bessere Wanderkarten, allerdings nicht für ganz Katalonien, werden von den Verlagen Editorial Alpina und Editorial Piolet herausgegeben und können direkt dort bestellt werden (💻 www.editorialalpina.com, 💻 www.editorialpiolet.com).

In Deutschland sind die Karten im Handel z. B. über die Geobuchhandlung Kiel erhältlich.

♦ Geobuchhandlung Kiel, Schülperbaum 9, 24103 Kiel, ☎ 04 31/910 02, FAX 04 31/942 49, 💻 www.geobuchhandlung.de

Dem Überblick dienen Karten im Maßstab 1:50.000. Wenn die Touren die Hauptwege verlassen, sollten aber detailliertere Karten im Maßstab 1:25.000 oder noch detailliertere herangezogen werden.

▷ Tour 1, 3: Montsec de l'Estall, Editorial Piolet, 1:25.000

▷ Tour 4: Os de Balaguer, Les Avellanes, Santa Linya, Editorial Piolet, 1:20.000

▷ Tour 5, 6, 7: Sant Llorenç de Montgai, Camarasa, Editorial Piolet, 1:20.000

- ▷ Tour 8, 9, 10: La Noguera, Mapes Comarcals de Catalunya, 1:50.000
- ▷ Tour 3, 8, 9, 10: Montsec d'Ares i el Montsec de Rúbies, Editorial Piolet, 1:20.000
- ▷ Tour 13, 14: Vall de Lord, Editorial Piolet, 1:20.000
- ▷ Tour 15, 22, 23 (nicht ganz abgebildet): Vall de Boí, Editorial Alpina, 1:25.000. Die Karte kann man einzeln oder im Kartenset (Parc Nacional d'Aigüestortes i Estany de Sant Maurici, Editorial Alpina, 1:25.000, Kartenset) kaufen.
- ▷ Tour 15, 17, 18, 19, 20, 22, 21, 23, 24: Parc Nacional d'Aigüestortes i Estany de Sant Maurici, Editorial Piolet, 1:30.000
- ▷ Tour 16, 18: Pallars Sobirà-Sud, Editorial Piolet, 1:50.000
- ♦ Vall Fosca i Montseny de Pallars, Blatt 25, Editorial Alpina, 1:25.000
- ▷ Tour 19, 20, 25, 26, 27, 29: Alt Pirineu, Editorial Alpina, 1:50.000
- ▷ Tour 23: Ruta 3 Valls, Vall de Boí, Barravés I Castanesa, Editorial Piolet, 1:30.000
- ♦ Parc Nacional d'Aigüestortes i Estany de Sant Maurici, Blatt Aigüestortes Vall de Boí, Editorial Alpina, 1:25.000, Kartenset
- ♦ Parc Nacional d'Aigüestortes i Estany de Sant Maurici, Blatt Estany de Sant Maurici, Els Encantats, Editorial Alpina, 1:25.000, Kartenset
- ♦ Alta Ribagorça: Mapes Comarcals de Catalunya, Blatt 5, Institut Cartogràfic de Catalunya, 1:50.000
- ♦ Pallars Sobirà, Blatt 26, Mapes Comarcals de Catalunya, Institut Cartogràfic de Catalunya, 1:50.000
- ▷ Tour 25, 26, 27: Pica d'Estats- Mont-Roig, Editorial Alpina, 1:25.000
- ▷ Tour 30: Cerdanya, Editorial Alpina, 1:50.000
- ♦ Cerdanya, ICC/mapes comarcals de Catalunya, 1:50.000

☺ Die Touren 6 und 31 laufen durch mehr oder weniger flaches Gelände ohne nennenswerte Höhenunterschiede. In diesen Fällen wurde auf die Darstellung eines Höhenprofils verzichtet.

Wichtige Adressen und Telefonnummern:

- ▷ Landesvorwahl Spanien: +34
- ▷ Allgemeine europäische Notrufnummer: ☏ 112
- ▷ Feuerwehr Kataloniens: ☏ 085

Weitere Informationen über die Regionen erhalten Sie bei den Tourismusbüros und Bergverbänden Kataloniens.

- Agencia Catalana de Turisme (Kataloniens allgemeiner Tourismusverband), 💻 www.act.gencat.cat
- Provinz Lleida: Ara Lleida/Patronat de Turisme de les Terres de Lleida, Rambla Ferran 18, 3er pis, Lleida, ☎ +34-973 34 54 08, ✉ lleidatur@lleidatur.es, 💻 www.lleidatur.com
- Parc Nacional d'Aigüestortes i Estany de Sant Maurici, ✉ pnaiguestortes@gencat.cat oder info.aiguestortes@oapn.es, 💻 parcsnaturals.gencat.cat/ca/aiguestortes oder www.aiguestortes.info, in Boí: Ca de Simamet,C/ de les Graieres 2, 25528 Boí, ☎ +34-973 69 61 89, FAX +34-973 69 61 54, in Espot: Casa del Parc, C/ de Sant Maurici, 5, 25597 Espot, ☎/FAX +34-973 62 40 36
- Parc Natural de l'Alt Pirineu, Casa del Parc, Llavorsí, ☎ +34-973 62 23 35
- Federació d'Entitats Excursionistes de Catalunya (Regionalorganisation der FEDME von Katalonien), Barcelona, ☎ +34-934 12 07 77, ✉ feec@feec.cat, 💻 www.feec.cat
- Centre Excursionista de Catalunya (CEC), ☎ +34-933 15 23 11, 💻 www.cec.cat

Im Nationalpark Aigüestortes i Estany de Sant Maurici sowie im Naturpark Parc Natural de l'Alt Pirineu finden sich an allen wichtigen Zufahrten zu den Parks Infohäuschen, die in der Sommersaison und im Herbst und Frühjahr an Wochenenden und Feiertagen besetzt sind. Hier können Sie eine Karte der Region erhalten und sich über die Wetterbedingungen und Wegbeschaffenheit erkundigen.

Wörterbuch

Katalanisch (Amtssprache in Katalonien, Andorra, und Teilen Aragons)	**Deutsch**
adéu	tschüss
aigua	Wasser
autobús	Bus
beguda	Getränk
beure	trinken
boira	Nebel
bon dia	guten Tag, guten Morgen
bona nit	gute Nacht

bon profit	guten Appetit
bona tarda	guten Nachmittag/Abend
cabana	Notunterstand, kleine Hütte
camí	Weg
carretera	Straße
carena, cresta	Grat
casa	Haus
cascada	Wasserfall
Com va?	Wie geht's?
coma	Senke
congost, barranc	Schlucht
cotxe	Auto
cova, espluga	Höhle
dinar	Mittagessen, mittagessen
estany	Bergsee, kleiner See, Teich
feixa	(Fels-)Band
fita	Steinmännchen
font	Quelle, Brunnen
forat, clot, avenc	Loch, Abgrund
gorg	Schlund, enge Schlucht
hola	hallo
hospital	Krankenhaus
llac	See
menjar	Essen, essen
muntanya, mont	Berg
neu	Schnee
pantà, embassament	Stausee
penya, penya-segat	Felsriegel, Kliff, Felsgipfel
pic, tuc, cim	Gipfel
pla	Ebene
pluja	Regen
pont	Brücke
port	Pass
portella	Scharte
prat	Wiese, Almwiese
puig	Hügel
refugi	Berghütte

refugi lliure	Selbstversorgerhütte
riu	Fluss
riuet	Bach
sender	Pfad
serra	Gebirge, Gebirgszug
sopar	Abendessen, abendessen
tartera	Schotterhang, Geröllfeld
tossal	(Berg-)Rücken
tren	Zug
turmenta	Gewitter
vall	Tal
vàter, lavabo	Toilette
vent	Wind

GPS

Die GPS-Tracks zu den beschriebenen Wegen können Sie auf der Internetseite des Verlags (💻 www.conrad-stein-verlag.de) herunterladen.

Updates

Der Conrad Stein Verlag veröffentlicht Updates zu diesem Buch, die direkt vom Autor oder von den Lesern dieses Buches stammen. Sie finden diese auf der Verlagshomepage 💻 www.conrad-stein-verlag.de. Der abgebildete QR-Code führt Sie direkt dorthin.

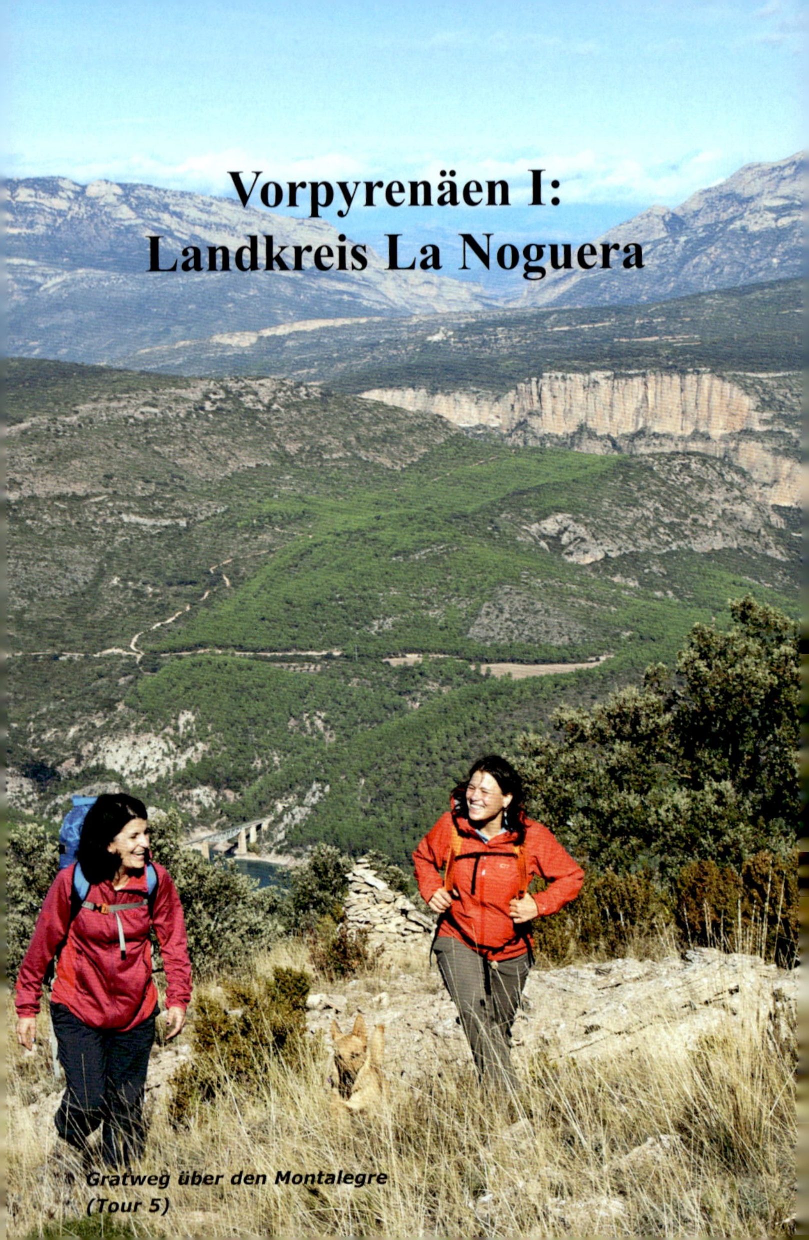

Vorpyrenäen I: Landkreis La Noguera

Gratweg über den Montalegre (Tour 5)

1 Congost de Montrebei

Tour für Naturliebhaber

In der unter Naturschutz stehenden Montrebei-Schlucht, auf Katalanisch Congost de Montrebei oder Congost de Mont-rebei, die sich bis auf 20 m verengt, haben Sie schwindelerregende Tief- sowie fantastische Einblicke in die Wandfluchten, die Kletterer und Geier gleichfalls faszinieren. Der schmale, in den Fels gehauene Steig, der weit oberhalb des Flusses in die enge Schlucht hineinführt, schmiegt sich dicht an die Kalksteinwand, die mit versteinerten Schnecken, Muscheln und Seerosen bestückt ist. Die Hosentaschen füllen sich auf dieser Tour mit Fossilien kleiner Seeigel, Seeanemonen usw. Die Montrebei-Schlucht ist nicht nur seit 1999 ein Naturreservat, sondern hat auch einen besonderen Schutzstatus als Rückzugsraum bedrohter Tierarten.

⇆ Start/Ziel: Parkplatz gegenüber der Wanderinformationstafel, am Ortsausgang von Corçà, GPS N 42°01.863' E 000°41.233'

21,6 km

5 Std.

↑↓ 868 m/868 m

⇧ 480-800 m

rot-weiße Markierungen des Fernwanderwegs GR 1

nicht direkt am Weg, aber im Ort Corçà (Bar El Congost)

Schutzhütte Mas de Carlets (km 5,4 und km 16,2), Bank direkt vor der Schlucht (km 7,3 und km 14,3)

Bademöglichkeit nicht direkt am Weg. Am Ortsende von Corçà führt ein Fahrsträßchen nach links (Wegweiser „Pantà de Canelles") zum Stausee und einem Badeplatz mit wenig Schatten. Sie können dort Kajaks mieten und die Montrebei-Schlucht auch vom Wasser aus erleben.

Die Tour ist wegen der Fossilien am Weg, der Höhle und der Geier für Kinder spannend. Die gesamte Strecke ist unter Umständen zu lang für kleinere Kinder, sie kann aber mit dem Boot abgekürzt werden. In der Schlucht ist der Weg sehr gut, aber ausgesetzt. Kinder sollten sich hier an den dafür angebrachten Drahtseilen festhalten.

Für Hunde ist der Weg geeignet. Sie können frei laufen. Sie sollten aber ausreichend Wasser mitnehmen.

P Parken können Sie am Ausgangspunkt in Corçà sowie auf dem Parkplatz unterhalb der Ermita de la Pertusa. Weitere Möglichkeiten gibt es am Nordende der Schlucht (km 11).

keine Anreise mit Bus oder Bahn bis Corçà möglich

Der Weg in die Schlucht ist kürzer, aber auch weniger interessant, wenn Sie vom Parkplatz am Nordende starten. Sie durchwandern die Schlucht und kehren dann an der Bank um.

Sie können die Tour zu einer 27 km langen Rundtour über den Pla de Lluís, die Sternwarte Observatorio Astronómico, den Pass Coll d'Ares und den Barranc de l'Obaga Gran ausweiten. Zu dieser Variante können Sie sich auf der Internetseite des Verlags (www.conrad-stein-verlag.de) den GPS-Track herunterladen.

Es gibt einen Bootservice, der zwischen der Kajakverleihstelle/Badestelle unterhalb des Orts Corçà (den Schildern am Ortsausgang Richtung Pantà de Canelles folgen) und dem Nordende der Schlucht verkehrt. Damit können Sie sich den Hin- oder Rückweg sparen. Das Boot verkehrt von Mitte März bis Ende Oktober, Abfahrt 9:00, 10:30, 12:00 und 17:30 – im Oktober 2017 war allerdings der Wasserstand so niedrig, dass der Service ausgesetzt wurde. Bitte vor der Tour nachfragen, ob die Schiffe planmäßig fahren (info@montsecactiva.com). Infos finden Sie unter http://montsecactiva.com/es/actividades/excursiones-barco/.

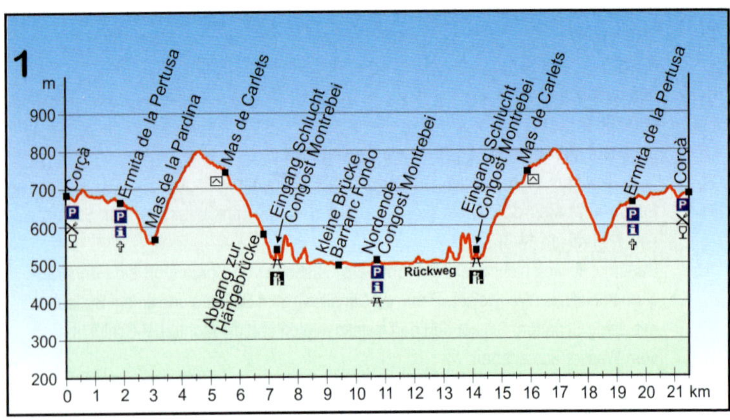

Sie starten die Wanderung am Parkplatz an der Carrer de Trull am Ortsausgang von Corçà. Von dort aus folgen Sie den Wegweisern „Ermita de la Pertusa/Congost de Montrebei" und den rot-weißen Markierung entlang des kleinen Asphaltsträßchen rund 2 km bis zum Parkplatz unterhalb der ✝ Kapelle Ermita de la Pertusa.

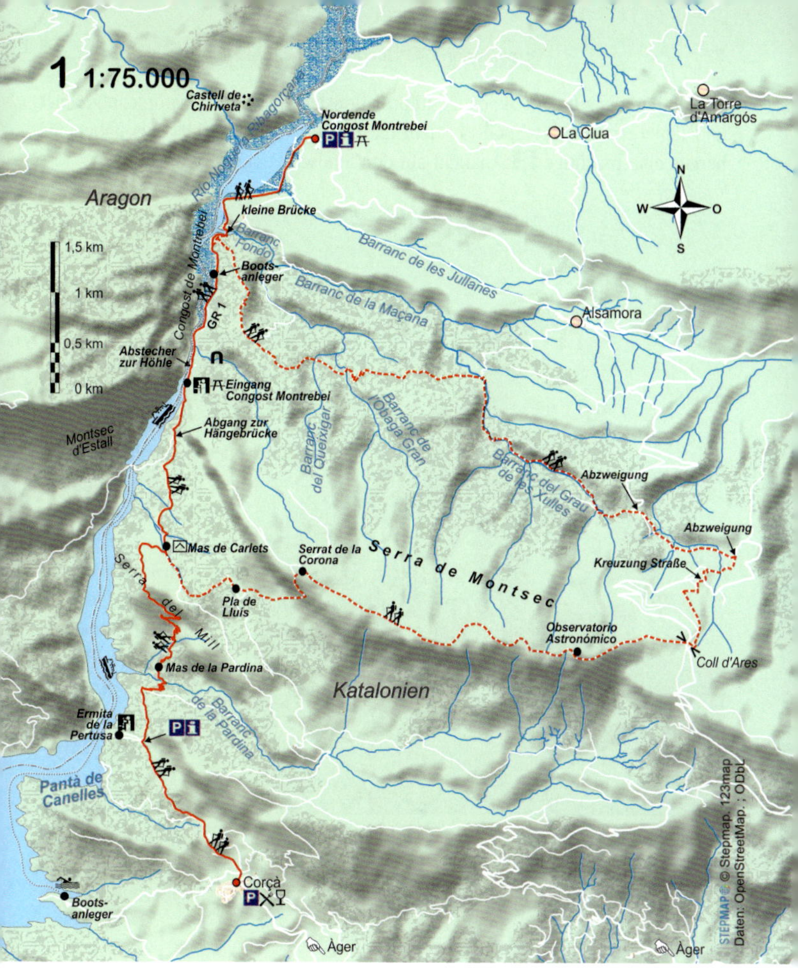

Sie können die Wanderung auch direkt an dem Parkplatz unterhalb Kapelle beginnen. Der Fahrweg zwischen dem Ort und dem Parkplatz ist aber sehr eng und mit steigender Bekanntheit der Montrebei-Schlucht fahren dort zunehmend mehr Autos.

Am Parkplatz finden Sie einige Informationstafeln über das Naturschutzgebiet und den Fernwanderweg GR 1, dem diese Tour folgt. Von hier aus haben Sie bereits eine prächtige Aussicht auf den Stausee Pantà de Canelles.

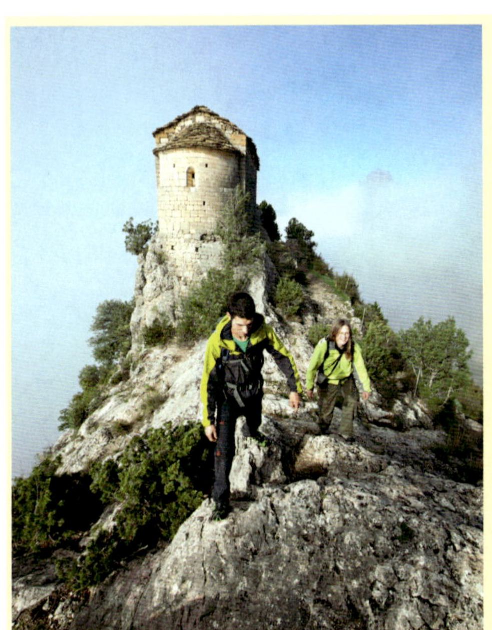

Ermita de la Pertusa

Der kurze Abstecher von etwa 15 Min. bis hinauf zur Kapelle aus dem 11. Jahrhundert, die oberhalb des Parkplatzes und somit abseits des GR1 liegt und den Südeingang der Schlucht bewacht, ist unbedingt empfehlenswert. Von dort aus ist ein Rundblick über den unwirklich türkisfarbenen, lang gezogenen Stausee und auf den mächtigen Kalkriegel der Serra de Montsec möglich. In diesen über 40 km langen Felsriegel hat das Flussbett des Noguera Ribagorçana, der die Grenze zwischen Katalonien und Aragon bildet, über Jahrtausende hinweg die Montrebei-Schlucht gefräst.

Der Weg folgt vom Parkplatz aus den rot-weißen Markierungen des GR 1, den Sie bis zum Ende Ihrer Tour nicht mehr verlassen. Gleich zu Beginn ist der anstrengendste Abschnitt zu überwinden. Der Weg führt hinab zu einem Bachbett, wo Sie einen nach rechts abgehenden, schmalen Pfad ignorieren, und gleich darauf wieder hinauf bis zu einem verfallenen Gebäude der Mas de la Pardina. Durch einen Krüppeleichenwald gehen Sie bis zur kleinen Schutzhütte Mas Carlet, die üblicherweise offen ist und in der Sie auch nächtigen können.

Bänke und ein Tisch laden zur Rast ein. Unterhalb der Schutzhütte befindet sich eine Quelle, die allerdings im Sommer oft trocken und im Winter eingefroren ist. Im Herbst und Frühjahr können Sie hier jedoch Ihre Wasserflaschen füllen. Weiter geht es dann in leichtem Auf und Ab und mit stets atemberaubenden Ausblicken auf die Schlucht und den Fluss.

Sie erreichen eine Abzweigung, die Sie ignorieren. Sie führt zu einer im Jahr 2013 errichteten Hängebrücke. Die Brücke, die die katalanische Seite des Flusses mit der aragonischen verbindet, sowie die Einrichtung eines großzügigen Steigs durch die Steilwand des Montsec d'Estall, wie der aragonische Abschnitt des Felszugs genannt wird, waren ein Zankapfel zwischen den Tourismusbehörden Aragons und Naturschützern und Wanderverbänden.

Sie laufen geradeaus auf dem Hauptweg weiter und kommen schließlich zu einer Bank.

An der Bank direkt vor der Schlucht lassen sich die senkrechten Wandfluchten schon ganz aus der Nähe bewundern und mit Sicherheit auch einige Kletterer sowie Geiernester darin entdecken. Für Freunde der Ornithologie sind

Blick auf die Montrebei-Schlucht

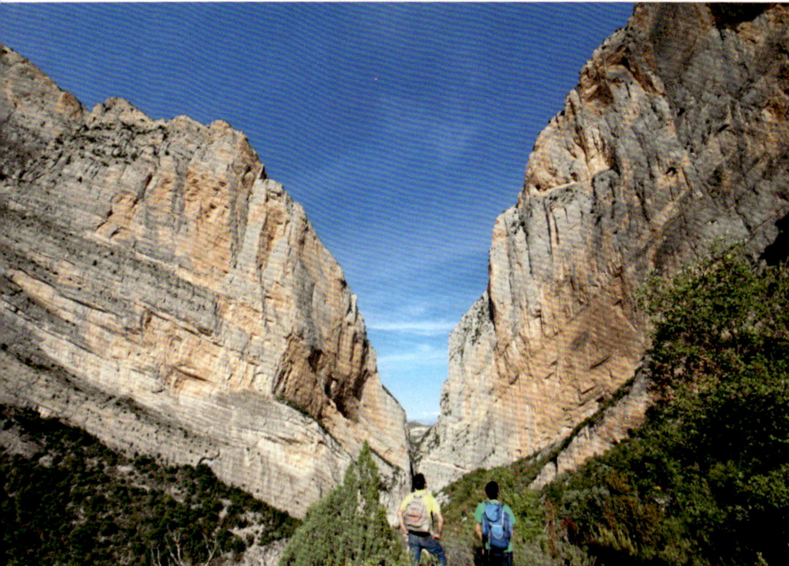

Beobachtungen von Gänse- und Schmutzgeiern, mit etwas Glück auch von Stein- und Habichtadlern sowie von zahlreichen Zugvögeln, die im Winterhalbjahr oft nicht bis nach Afrika fliegen, möglich. Hier nistet auch der bedrohte Bartgeier. Mit sehr viel Glück können Sie Wildkatzen, Rehe und Otter entdecken.

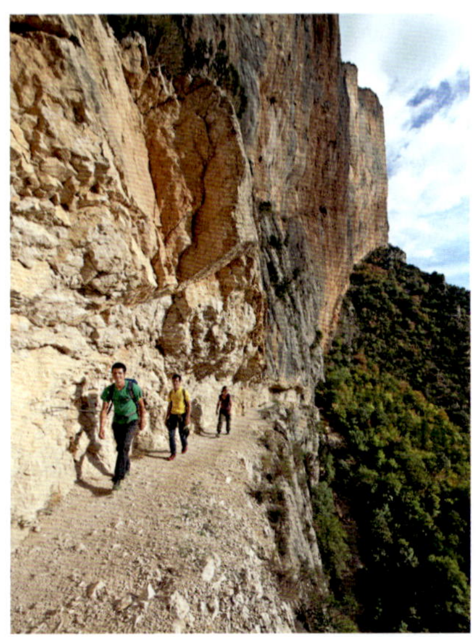

Weg entlang der Felswand „Paret de Catalunya"

Ab jetzt ist der Weg zwar sehr gut beschaffen und breit, aber ausgesetzt (✋), denn es geht nun für 1,2 km auf einem in die Felswand gefrästen Weg durch die eigentliche Schlucht. Die Tiefblicke, die sich hier eröffnen, erfordern Schwindelfreiheit. Wer sich unsicher fühlt, hält sich an Geländern aus Drahtseilen, die an der Wand angebracht wurden, fest.

↳ Ein steiler Pfad mit einer kurzen Drahtseilführung führt nach rechts oben in eine ⌘ Höhle, in der Funde aus den Zeiten der Neandertaler gemacht wurden. Der kurze Abstecher lohnt sich.

Sie erreichen das Ende der Schlucht. Hier führt der Weg über eine kleine Hängebrücke bis zu einem Parkplatz und einem ℹ Informationshäuschen.

ℹ Besucherzentrum, im Sommerhalbjahr 8:30-19:00 und im Winterhalbjahr von 8:30-17:00

Der prägnante Turm am Nordende der Schlucht, den Sie von mehreren Stellen der Tour aus sehen, gehört zu den Burgruinen des Castells de Chiriveta. Sie kehren nun am Parkplatz um und gehen auf demselben Weg zurück.

❷ Große Rundtour auf den Montsec

Tour für Naturliebhaber

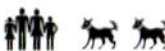

Die Serra de Montsec, ein Kalkgebirgszug mit einer Länge von über 40 km, die die Grenze zwischen den katalonischen Landkreisen La Noguera und El Pallars Jussà bildet, lockt schon von Weitem. Die charakteristische Sedimentfalte bildet eine nahezu schnurgerade Linie vor den Pyrenäen. Zahlreiche spannende Wanderwege führen auf das Hochplateau des nach Süden steil abfallenden, nach Norden hin sanft auslaufenden Bergzugs. Oben auf dem scheinbar endlos langen Plateau des Montsec entschädigt ein atemberaubender Pyrenäenblick für die Mühen. Hier haben Sie im Winter die für die Gegend so typischen Nebelfelder bereits unter sich gelassen. Im Sommer können Sie sich hingegen vom kühlen Wind aus dem Hochgebirge erfrischen lassen. Auf der klassischen Rundtour, die die beiden Kapellen Ermita Mare de Déu de Pedra (kurz Ermita de Pedra) und Ermita Mare de Déu de Colobor (kurz Ermita de Colobor) verbindet, treffen Sie selten andere Wanderer. Alleine sind Sie dennoch nicht: Paraglider, die hier regelmäßig ihre Weltmeisterschaften austragen, schweben an Ihren Köpfen vorbei. Sie bieten gemeinsam mit den Geiern ein ästhetisches Flugballett dar. Teilweise hebt sie die Thermik so hoch hinauf, dass Sie sie nur noch als kleine, bunte Punkte erkennen können.

- Start/Ziel: Campingplatz Vall d'Àger, GPS N 42°00.281' E 000°45.938'
- 14,3 km
- 4 Std.
- 788 m/788 m
- 607-1.314 m
- Steinmännchen, am Schluss rot-weiße Markierungen des GR 1
- Lo Torres (km 0,25), Wasser an der Font de la Pedra (km 2,8) und an der Font de Gabrieló (km 6,8)
- Picknickplatz an der Font de la Pedra (km 2,8), an der Ermita Mare de Déu de Pedra (km 4,1) und an der Ermita Mare de Déu de Colobor (km 9,5)
- Sie können nicht direkt auf der Strecke baden, aber in einem der nahegelegenen Stauseen Pantà de Terradets, Pantà de Canelles und Pantà de Camarasa.
- Die Tour ist gut für wandererfahrene Kinder machbar.
- Für ausdauernde Hunde ist der Weg geeignet. Wasser gibt es an den Quellen am Weg.
- P Parkmöglichkeiten in Àger

 mit dem Bus von Lleida nach Àger, Linie Esterri-Àger-Lleida (verkehrt dreimal täglich hin und zurück)

 Es gibt eine Bahnverbindung von Lleida nach Àger, allerdings liegt der Bahnhof 8 km (☝) außerhalb des Orts (verkehrt viermal täglich, sonntags zweimal täglich hin und zurück).

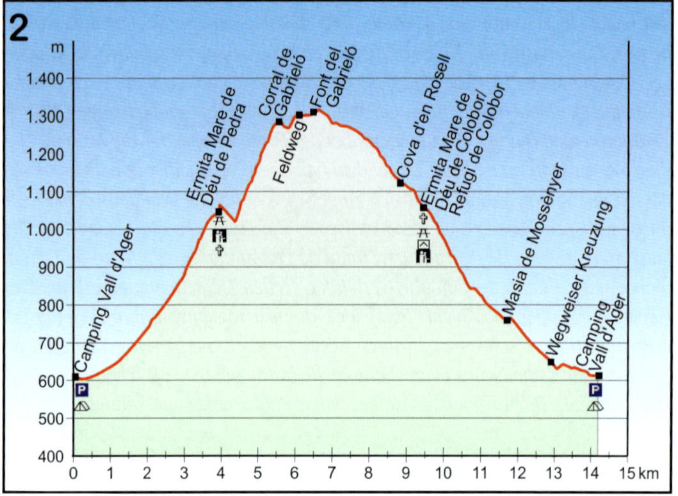

Dass der Montsec, der „trockene Berg“, für den Massentourismus noch unentdeckt blieb, ist nahezu ein Wunder, gilt er doch Einheimischen als Paradies für Abenteuersport aller Art: Paragliding vor der spektakulären Kulisse der Hochpyrenäen, Wildwasserkajakfahren und Kajakwandern in den zwei tiefen Schluchten, die den lang gestreckten Bergrücken durchschneiden, sowie anspruchsvolle Mountainbike-Touren und Tageswanderungen innerhalb des weitverzweigten Wegenetzes.

Die Tour startet am Campingplatz Vall d'Àger etwas nordöstlich von Àger, von wo Sie erst einmal in Richtung Ortskern und Hauptstraße gehen. Sie können die Tour optional aber auch im Ort beginnen. Sie folgen zunächst ein Stück der C12, an der auch die ✕ Bar Lo Torres liegt.

✕ Lo Torres, Carretera C-12, km 200, 25691 Àger, ☏ +34-973 45 51 72, täglich 8:00-24:00

Dann schwenken Sie rechts in den ausgeschilderten Feldweg zur Ermita de Pedra ein. Immer wieder können Sie die Kurven des Feldwegs auf einem Pfad abkürzen. Sie ignorieren mehrere Feldwege, die nach links abgehen. Nach 2,8 km erreichen Sie eine Kreuzung. An dieser Stelle befindet sich eine Quelle, die Font de la Pedra, und ein Picknickplatz. Sie nehmen dann den Pfad, der nach Norden bergan führt.

Sie steigen schnell auf und sehen bald das Sportklettergebiet, das vor allem im Winter beliebt ist, da es sich über dem Nebelmeer befindet. Der Kletterszene ist

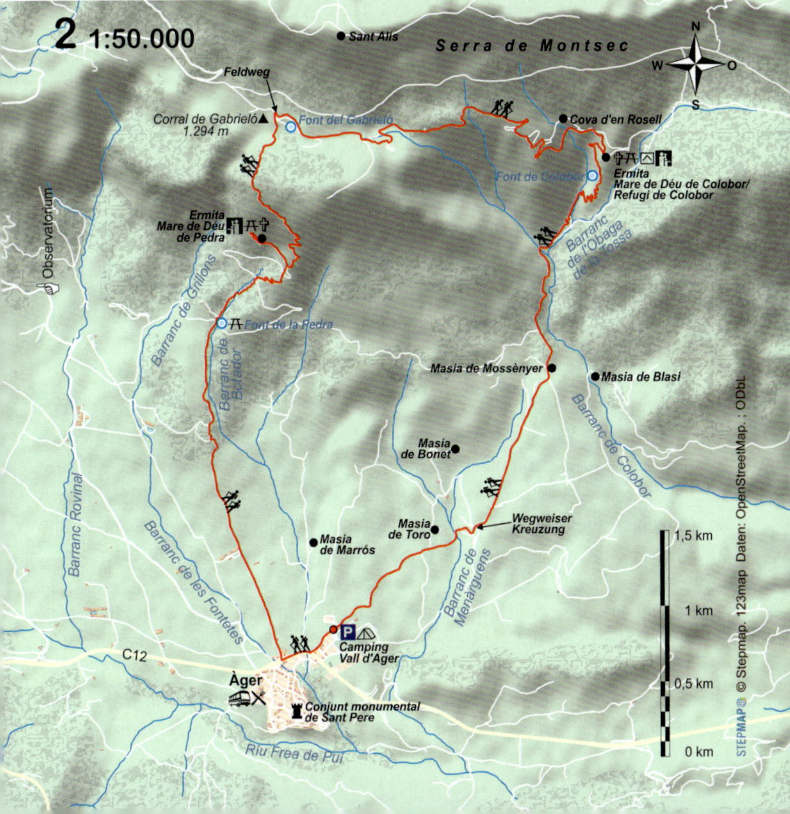

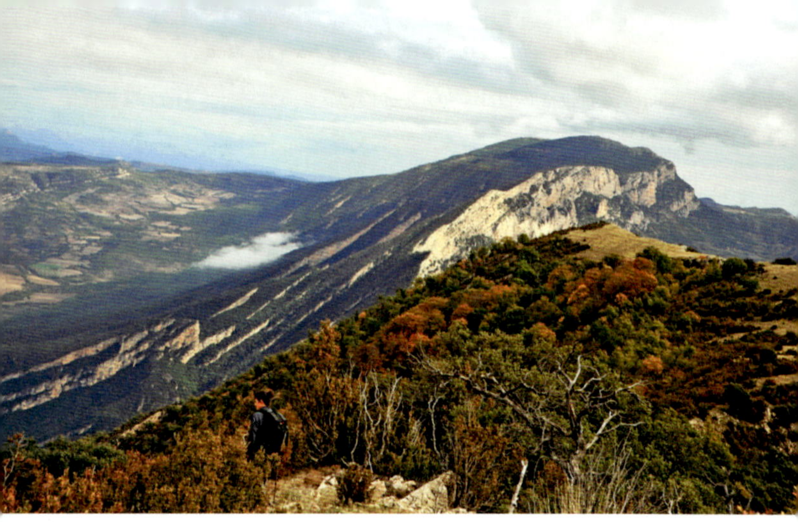

Herbststimmung auf dem Montsec

die fast durchgängig über 200 m liegende, lange Südwand des Montsec ein stehender Begriff, ebenso die beiden Schluchten Terradets und Montrebei, die sich nun links und rechts von Ihnen befinden. Verschachtelte Höhlensysteme locken Speläologen ins Innere des Kalkgebirgszugs. Sie überqueren den Fahrweg auf dem Abkürzungspfad noch ein weiteres Mal und folgen ihm, wenn Sie das nächste Mal auf ihn treffen, nach links. Am Ende des Feldwegs befinden sich die ✞ Kapelle Ermita Mare de Déu de Pedra und ein ⩚ Picknickplatz.

Im Winter ist das Vall d'Àger oft von einer dicken Nebeldecke bedeckt, wenn ein Hochdruckgebiet in Katalonien herrscht. An der Ermita de Pedra ist jedoch strahlender Sonnenschein nahezu garantiert – und ein Blick auf eine weiße Wattelandschaft, aus der hin und wieder Gipfel herausragen. Wenn nicht das Nebelmeer unter Ihnen wabert, haben Sie nun einen fantastischen Ausblick auf Mandel- und Olivenhaine, winzige Dörfer und trockene Wiesen, auf denen Schafe weiden.

Sie gehen auf dem Feldweg ein Stück zurück und nehmen dann einen Pfad nach links, der direkt auf die steile Felswand zuführt. Etwa 2 km nach der Kapelle erreichen Sie die Steinmauern des Corral de Gabrieló (auf diesen gehen Sie über einen etwas undeutlichen Weg zu) und einen Feldweg. Diesem folgen Sie nach rechts und erreichen die Quelle Font del Gabrieló. Sie gehen auf dem Feldweg zunächst ein kurzes Stück leicht bergan, dann nur noch bergab bis zu einigen Kurven, die Sie auf Trampelpfaden abkürzen können. Dann erreichen Sie die sogenannte Cova d'en Rosell. Hier hat der Ex-Präsident des Fußballclubs Barcelona, Sandro Rosell, eine alte, verfallene Schäferhütte aufgekauft, die nun zu einer ⛺ Wanderhütte ausgebaut wird. Sie laufen eine weitere Serpentine oder den Abkürzungspfad bergab – dort befindet sich die Kapelle bzw. das ✞ Heiligtum Santuari de la Mare de Déu de Colobor (⛩) mit dem dazugehörigen, aber verfallenen Schutzgebäude.

Nun folgen Sie dem Pfad bergab, vorbei an der meist trockenen 💧 Quelle Font de Colobor. Jenseits des Bachbetts spaltet sich der Pfad auf, führt aber gleich darauf wieder zusammen. Er mündet dann in einen Feldweg, welchen Sie bis Àger nicht mehr verlassen. An drei Abzweigungen nach rechts bleiben Sie auf dem Hauptweg gen Süden. Nach den Gebäuden der Masia de Mossènyer nehmen Sie dann den breitesten Weg in Richtung Südsüdwest. Bei einem Olivenhain treffen Sie auf eine Wegkreuzung, an der Ihnen ein Schild den Weg nach Àger weist. Abzweigungen nach links und rechts werden ignoriert. Sie folgen den rot-weißen Markierungen des GR 1 und gehen in südwestlicher Richtung zurück zum Campingplatz.

⌘ Der Montsec wurde im Jahr 2014 zur „Starlight Destination" erklärt und gehört damit offiziell zu den weltweit besten Orten für die Beobachtung des Nachthimmels.

♦ Parc Astronomica, Camí del Coll d'Ares, s/n, Àger, ☏ +34-973 05 30 22, 💻 www.parastronomic.cat, 🚪 03. März bis 31. März und 12. Sep bis 30. Nov, Fr und am Abend vor Feiertagen 18:00-24:00, Sa und feiertags 16:00-24:00, 01. April bis 02. Juli, Fr und am Abend vor Feiertagen 18:00-2:00, Sa und an Brückentagen 11:00-14:00 und 18:00-2:00, So 11:00-15:00, 3. Juli bis 11. Sep, Di 18:00-2:00, Mi-So 11:00-14:00 und 18:00-22:00, Sa und an Brückentagen 11:00-14:00 und 16:00-22:00, So und feiertags 11:00-15:00, Eintritt tagsüber € 8, verbilligt € 7, nachts € 10,50, verbilligt € 9

♜ ✞ Eine Besichtigung des Conjunt monumental de Sant Pere in Àger ist empfehlenswert. Es wurde als Burg und Kloster zwischen 1034 und 1047 vom Ritter Arnau Mir de Tost erbaut, just nachdem unter dessen Führung das Vall d'Àger von den Mauren zurückerobert wurde.

♦ Conjunt monumental de Sant Pere, Carrer Sant Pere 10, Àger, 🚪 tagsüber in der Regel geöffnet (bei Gemeinde erfragen, ☏ +34-973 45 50 04), Eintritt frei

3 Puig de Millà

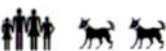

Tour für Romantiker und Liebhaber der Einsamkeit

Die einfache und aussichtsreiche Tour führt über die Hochebene Pla de les Bruixes, die Hexenebene, wo die vom Wind zerzausten Garriguesträucher, Gingsterbüsche und Krüppeleichen im Nebel oft tatsächlich an schaurige Gestalten erinnern. Der Startpunkt ist der niedliche Weiler Millà. Der Puig de Millà scheint zunächst ein unspektakulärer Hügel zu sein – doch dies täuscht. Atemberaubend steil fällt die Steilwand an seinem höchsten Punkt bis hinunter zum idyllischen Stausee Pantà de Canelles ab. Dies ist der weitaus beste Aussichtsbalkon mit Blick auf den Felsriegel Montsec und die Schlucht Montrebei.

Start/Ziel: Dorfplatz in Millà, GPS N 41°59.915' E 000°42.005'

13,7 km

4 St.

475 m/475 m

711-1.014 m

Steinmännchen, aber nicht durchgehend. Ab dem Puig de Millà ist die Orientierung schwierig. Die Wege sind nicht stark ausgetreten. In der sehr einsamen Gegend holt sich das Buschwerk manchmal die Wege zurück. Tiere trampeln Spuren aus, die Verwirrung stiften können.

keine Einkehrmöglichkeit

Mit Aussicht rasten Sie auf dem Puig de Millà (km 4,8). Ein weiterer Rastplatz findet sich an der Kapelle Sant Llobí (km 11,6).

Sie können nicht direkt am Weg baden, aber in der Nähe liegt der Stausee Pantà de Canelles, den Sie über die Orte Vilamajor oder Corçà erreichen.

Die Tour ist nur für einigermaßen wandererfahrene Kinder machbar.

Für Hunde ist der Weg geeignet. Sie sollten aber ausreichend Wasser mitführen.

P auf dem Dorfplatz in Millà und an der Ermita Sant Llobí (km 11,6)

keine Anreise mit Bus oder Bahn möglich

Die Tour startet im winzigen Weiler Millà, wo Sie auf dem Dorfplatz parken können. Rechts der Kirche Sant Pere de Millà – der aktuelle Bau ist aus dem Jahr 1808 – beginnt der Weg, der Sie zunächst etwas bergab und an zerfallenen Häusern und Gärten vorbeiführt.

Ein Wegweiser deutet Ihnen die Richtung zum Puig de Millà. Nachdem Sie den Brunnen Font de Millà (überwiegend trocken) passiert haben, schwenkt der Weg nach Westen und beginnt steil anzusteigen. Nach insgesamt 600 m, dort wo sich der Bewuchs lichtet, schwenkt der Pfad nach links und führt an den Überresten eines Gebäudes vorbei. Oberhalb des Einschnitts des Barranc de l'Horta flacht der Weg ab. Sie folgen nun den Steinmännchen über das Geröll und durch den für die Region so typischen karg-struppigen Bewuchs von Krüppeleichen und Buchsbaum.

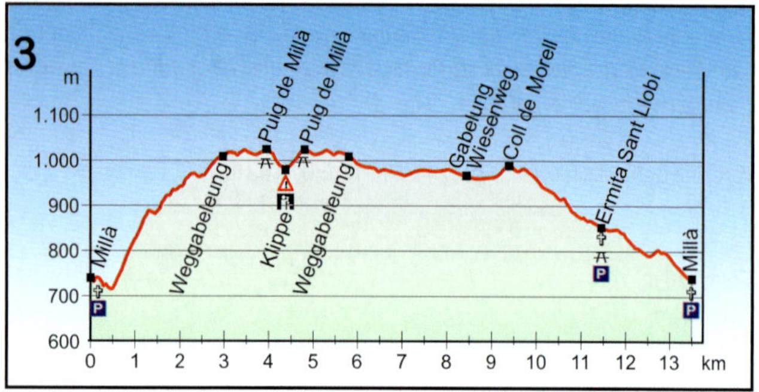

Der Weg führt tendenziell weiter nach Westen, macht aber nach insgesamt 1,3 km einen Schwenk nach Südwesten, um einen „barranc", einen Geländeeinschnitt eines trockenen Baches, zu überwinden. 200 m weiter schwenkt der Weg dann wieder nach Nordwesten, um Sie wieder durch einen kleinen, später einen größeren „barranc" zu führen. Die leichten Abstiege erfolgen beide Male Richtung Südwesten, die leichten Aufstiege nach dem Überqueren der Bachbetten nach Nordwesten. Hier muss gut nach den Steinmännchen Ausschau gehalten werden, da Wegspuren von Tieren in die Irre leiten können.

Von der Hochebene können Sie den Montsec und den Montrebei aus Tour 1 und 2 in voller Pracht genießen. Besonders im Winter, wenn Nebel in den Tälern wabert und in den frühen Morgenstunden Raureif auf Rosmarin und Thymianbüschen liegt, ist dies tatsächlich ein magischer Ort.

Sie kommen an Überresten von Mauern und Schäferhütten vorbei. Nach 2,5 km passiert der Weg den schlecht sichtbaren Eingang – einem runden Loch im Boden – der Höhle Cova del Biot, die aus einem einzigen Saal besteht. Nach weiteren Resten eines Unterstands und nach dem Überqueren großer Felsblöcke

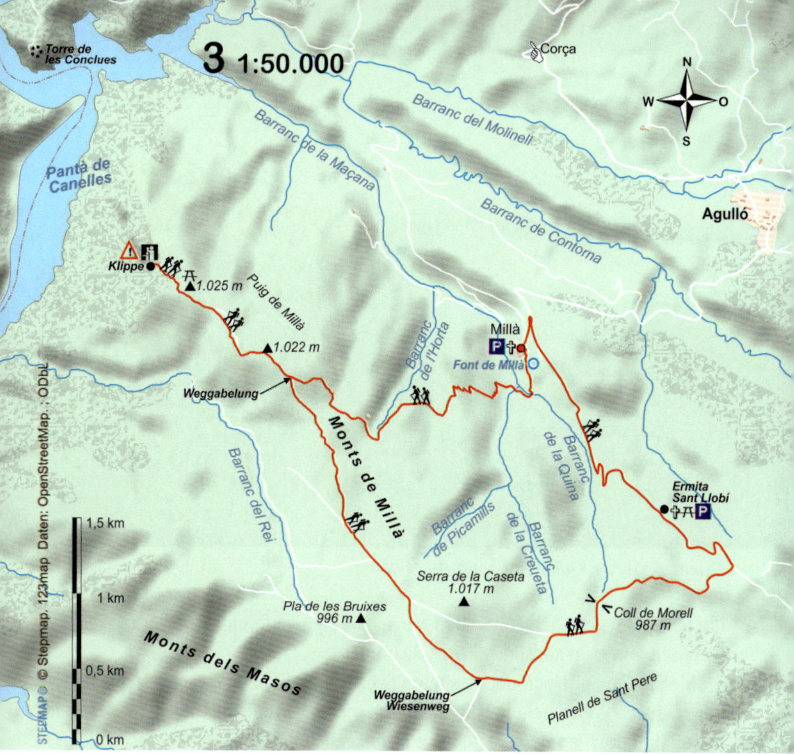

erreichen Sie nach 3 km eine Weggabelung. Nach links wird Sie der Pfad später zum Pla de les Bruixes führen. Sie folgen aber dem Pfad nach rechts, Nordwesten, der weiterhin leicht ansteigt.

Vom höchsten Punkt aus, dem Puig de Millà, gehen Sie noch rund 300 m weiter vor bis an die Kante (Klippe).

Hier fällt das Gelände steil ab zum Stausee Pantà de Canelles, der die Grenze Kataloniens zu Aragon bildet. Das Türkisblau des Sees und die schroffen Kalkwände bilden ein faszinierendes Landschaftsbild. Sie blicken auf die Ruinen der Festung Torre de les Conclues, die nahezu unerreichbar auf den Felsklippen thront.

Nach dem Genuss der Aussicht kehren Sie auf dem bekannten Weg zurück zum Puig de Millà und bis zur Weggabelung. Sie halten sich nun rechts und folgen dem Pfad durch die „Garrigues" genannte Buchsbaum- und Krüppeleichen-Vegetation. Hier verliert sich der Weg gelegentlich und Sie müssen besonders gut auf

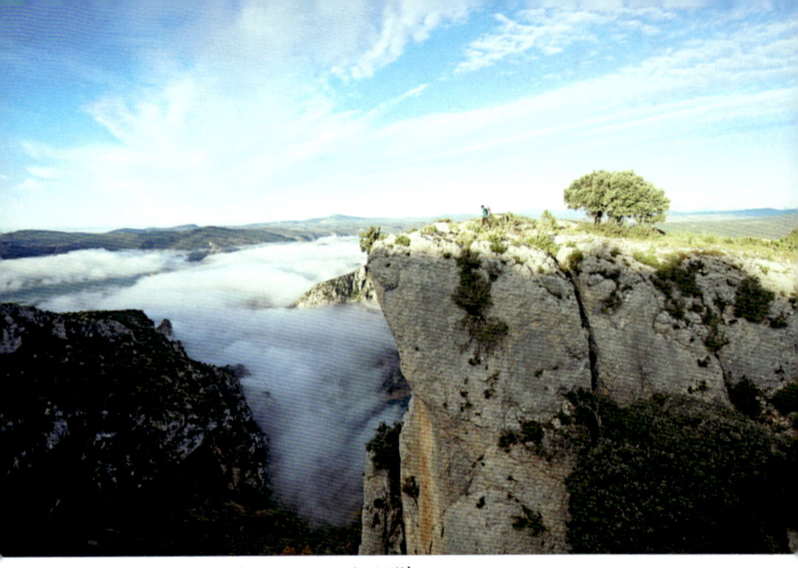

Spektakuläres Kliff beim Puig de Millà

die Steinmännchen achten. Sollten Sie je den Weg verloren haben, queren Sie das Gebüsch immer in südsüdöstlicher Richtung.

Sie stoßen auf einen unbefestigten Fahrweg und folgen diesem nach links. An der nächsten Weggabelung halten Sie sich rechts (geradeaus kämen Sie aber auch ans Ziel, jedoch ist der rechte Weg klarer ersichtlich) und gehen nach Süden in Richtung Pla de les Bruixes, der Hexenebene. Sie erreichen ein Schlammloch, in dem sich oft Regenwasser sammelt. Hier können Hunde trinken. Der Weg gabelt sich und Sie folgen dem linken nach Südwesten.

Ein unbefestigter Fahrweg stößt von Süden auf Ihren Weg. Sie ignorieren diesen und gehen weiterhin geradeaus nach Osten. Der Weg macht einen 90°-Knick nach links. Dort folgen Sie dem besseren Weg nach links in Richtung Norden und ignorieren den Trampelpfad nach rechts. Der Weg macht dann einen Rechtsknick – von links läuft wieder ein Trampelpfad dazu, den Sie ignorieren. Sie gehen nun nicht mehr durch Gestrüpp, sondern durch einen lichten Krüppeleichenwald. Der Weg führt zuletzt nach insgesamt 11 km an einigen Feldern vorbei bis zu einer T-Kreuzung. Sie halten sich links und erreichen einen deutlich besseren Fahrweg (der trotzdem nur mit einem Auto mit Vierradantrieb befahrbar ist). Sie folgen diesem nach links bergab zur ✞ Kapelle Sant Llobí.

Weiter geht es auf dem Forstweg zurück zum Ausgangspunkt in Millà.

4 Balconet de Santa Linya

Tour für Naturliebhaber und geschichtlich Interessierte

Balconet, „das Balkönchen", heißt der Aussichtspunkt oberhalb des Dorfes Santa Linya, von dem aus Sie den Stausee Pantà de Camarasa und die ihn umliegenden vertikalen Felswände sehen. Je nach Uhrzeit und Lichtstimmung können Sie den kurzen Abstecher vom Parkplatz zum Balconet vor oder nach der Rundtour machen. Auf der Wanderung beeindruckt die Kapelle Ermita de Sant Pere durch die nahezu unzugängliche, spektakuläre Lage. Heutzutage helfen Drahtseile sowohl an einigen Stellen beim Abstieg in die Schlucht als auch beim Aufstieg auf die Felsnadel, die die Kapelle und ein alter Wachturm krönen. Diese können Sie auf zwei Weisen erreichen – der Weg auf der Nordseite ist deutlich einfacher als der Aufstieg auf der Ihnen zuerst zugewandten Westseite, wo definitiv Trittsicherheit und Schwindelfreiheit erforderlich sind. Historisch interessant sind auch die Schützengräben aus dem Spanischen Bürgerkrieg, die sich auf dem ersten Abschnitt des Wegs befinden.

Start/Ziel: Parkbucht vor dem Balconet de Santa Linya, GPS N 41°56.505' E 000°50.409'

9 km

2 Std. 30 Min.

456 m/456 m

516-782 m

Steinmännchen

keine Einkehrmöglichkeit, Brunnen oder Quelle, daher vor allem im Sommer unbedingt viel Wasser mitnehmen

Am Balconet stehen Bänke (km 0,5 oder km 8,5, je nachdem, wann Sie den Aussichtspunkt besichtigen). An der Kapelle Ermita de Sant Pere (km 2) können Sie ebenfalls aussichtsreich rasten.

Keine Bademöglichkeit am Weg. Sie können aber in Santa Linya die Straße zur Bahnstation, estació de tren, nehmen und dort baden.

Für Kinder, die bereits gut zu Fuß sind, ist die Wanderung durch die Abschnitte am Drahtseil und die Kraxeleien zur Kapelle sehr interessant. Auch die Schützengräben auf dem Hinweg und der abwechslungsreiche Rückweg durch ein trockenes Bachbett sind für Kinder reizvoll. Sie brauchen eventuell gelegentlich Hilfe, da es einige steilere, mit Drahtseil gesicherte Stellen gibt. Der Griff ans Seil ist aber nur bei Nässe oder Eis wirklich nötig.

Für Hunde ist der Weg – bis auf kurze, mit Drahtseil gesicherte Stellen, die Hunde aber in der Regel gut meistern – geeignet. Es gibt im Tal einen Bach, der allerdings im Sommer ausgetrocknet sein kann.

P Parkbuchten entlang des Feldwegs, der zum Balconet de Santa Linya führt

Der Bahnhof Santa Linya wird vom Tren dels Llacs viermal täglich angefahren (www.trendelsllacs.cat oder http://lleidalapobla.fgc.cat). Der Bahnhof liegt allerdings weit außerhalb des Dorfs, daher ist die Anreise mit dem Zug nur bedingt empfehlenswert.

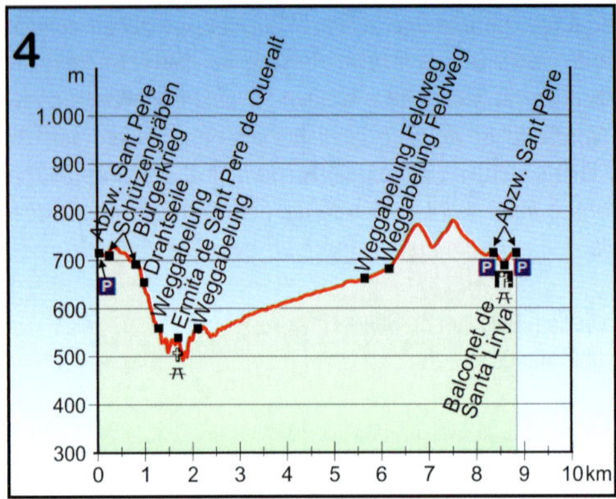

Sie starten an einer der Parkbuchten unterhalb des Aussichtspunkts Balconet de Santa Linya, von dem aus Sie den Stausee von Camarasa überblicken können. Sie können hier nun entscheiden, ob Sie den Ausblick vor oder nach der Wanderung genießen wollen. Etwa 300 m vor dem Balconet geht dann ein ausgeschilderter Pfad in Richtung Ermita de Sant Pere vom Feldweg ab. Diesem folgen Sie bis zur Abbruchkante der Felswände, wo Sie die ersten Schützengräben aus der Zeit des Spanischen Bürgerkriegs vorfinden.

⌘ Der Fluss Segre bildete lange Zeit die Frontlinie zwischen den Truppen Francos und den Republikanern. Diesseits des Segres und des heutigen Stausees von Camarasa hatten sich vom Frühjahr 1938 bis Dezember 1938 die Truppen Francos verschanzt, die Ende 1938 und Anfang 1939 in einer letzten Offensive Katalonien einnahmen. Die Segrefront erstreckte sich über 300 km Länge von Mequinensa bis in die Pyrenäen.

Ab jetzt geht es durch den Nordhang bergab in die Schlucht Barranc de Sant Pere. Im Winter kann der Weg stellenweise vereist sein, daher bieten Drahtseile an zwei Stellen Halt. An einer Weggabelung gehen Sie schließlich rechts. Der

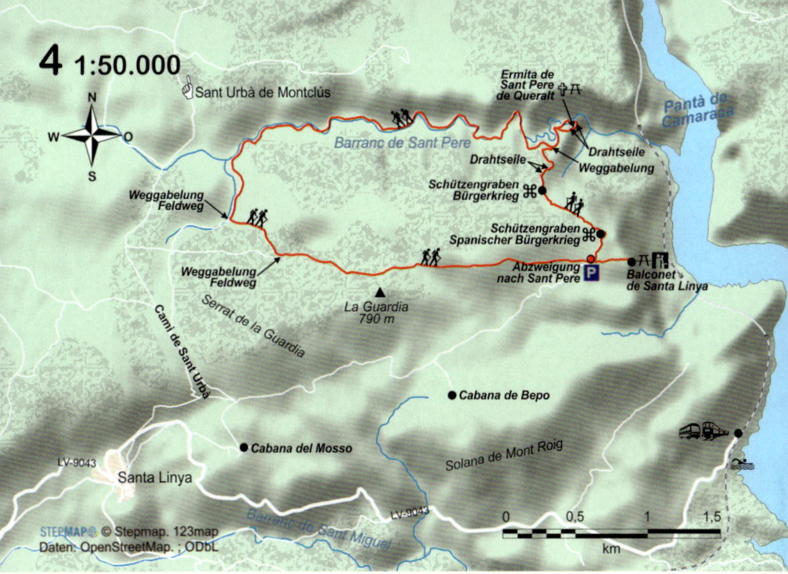

Weg nach links wird später Ihr Rückweg sein. Nun wird noch eine steile Felswand halb umrundet, bis sich der Blick auf die ✞ Kapelle Ermita de Sant Pere öffnet.

✞ Die Ermita de Sant Pere de Queralt, auch Ermita de Sant Pere de la Vall genannt, ist eine gotisch-romanische Kapelle mit noch komplett erhaltenem Dach, die erstmals im 10. Jahrhundert Erwähnung fand und deren aktuelles Gebäude im 15. oder 16. Jahrhundert errichtet wurde.

Die nahezu unerreichbare Kapelle erklimmt man heutzutage entlang von Drahtseilen und mit Hilfe von Stahlketten (✋). Auf der südwestlichen Seite führt Sie ein dünnes Drahtseil durch eine kleine Rinne hinauf und quert dann sehr stark ausgesetzt die Felswand.

↳ Die beschriebene Aufstiegsvariante ist deutlich schwieriger als die auf der Nordseite der Kapelle, die Sie aber an dieser Stelle auch nehmen können. Hier benötigen Sie die Stahlketten nur bei Nässe und Glätte.

Sie kehren nach der kurzen Kraxelei (bzw. wenn Sie den Weg außen herum genommen haben, nach dem kurzen Aufstieg zur Kapelle) wieder auf demselben

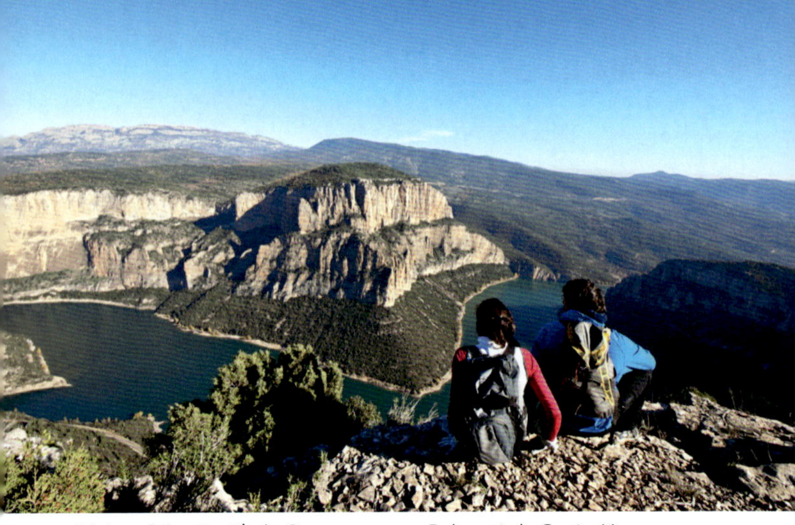

Blick auf den Pantà de Camarasa vom Balconet de Santa Linya

Weg zurück bis zur Weggabelung. Anstatt allerdings den bekannten Weg nach links aus dem Barranc de Sant Pere heraus zu nehmen, folgen Sie dem Weg entlang des Bachlaufs, der im Frühjahr manchmal etwas Wasser führt. Dieser Weg, der an einer mit Drahtseil und Eisentritten versicherten Stelle sogar eine kleine Kraxelei erfordert, ist abwechslungsreich. Der Pfad geht bald in einen guten Feldweg über. Am Ende der Schlucht geht dann links ein Fahrweg über eine Wiese ab, der Sie von Ihrem sehr viel besseren Weg abführt. Der Feldweg ist bald nicht mehr mit dem Auto befahrbar und führt einige Male stark auf und ab. Kurz vor der ersten Wegabzweigung nach Sant Pere führt der Weg auf den Feldweg, an dem Sie geparkt haben.

☺ Unterhalb des Dorfes Santa Linya liegt die Cova Gran de Santa Linya, die einige der weltweit schwersten Kletterrouten beherbergt. Es ist atemberaubend zuzusehen, wie sich die Profis durch bis zu 90 m lange und teilweise fast waagerecht überhängende Kletterrouten hangeln. Außerdem ist die dortige Höhle eine wichtige archäologische Fundstätte für Überreste aus der Zeit der Neandertaler. Auch lohnt sich der Abstecher nach Sant Urbà de Montclús, einer frisch renovierten Kapelle, die ein Erdbeben überstanden hat, das das einstige Dorf verschüttet hat, und nun auf einem Felspfeiler steht. Interessant ist auch eine kleine Höhle unterhalb von Sant Urbà de Montclús.

5 Montalegre

Tour für Naturliebhaber und geschichtlich Interessierte

Mit der Tour auf den Montalegre Gebirgszug, auch Mont-roig genannt, nördlich von Sant Llorenç de Montgai lassen sich ein Bad im kühlen Stausee und kurze Besuche einer prähistorischen Ausgrabungsstätte, eines verlassenen Dorfes, einer Gipfelkapelle und einer netten Selbstversorgerberghütte verbinden. Darüber hinaus genießen Sie auf dem aussichtsreichen Grat Blicke bis zu den Muntanyes de Prades vor dem Mittelmeer, auf die höchsten Gipfel der Pyrenäen und auf den von steilen Klippen umfassten Stausee von Camarasa (Pantà de Camarasa). Der Montalegre ist ein Paradies für Fossiliensammler. Wer auf den Boden blickt, findet versteinerte Seeigel, Seeanemonen und Muscheln – stumme Zeugen der Zeit vor 350 Millionen Jahren, als hier noch ein Urmeer war.

Start/Ziel: Parkplatz am dem Restaurant L'Isard in Sant Llorenç de Montgai, GPS N 41°52.369' E 000°50.586'

14 km

4 Std. 30 Min.

950 m/950 m

250-943 m

Steinmännchen

Restaurant L'Isard (km 0 und km 14), öffnet aber nur auf telefonische Vorabreservierung, abseits des Weges die Bar Mirador del Llac und Einkehrmöglichkeit auf dem Campingplatz Camping La Noguera in Sant Llorenç de Montgai

an der Ermita de Montalegre (km 4,7) und am Refugi del Xut (km 9,4)

Auf dem Rückweg führt direkt unterhalb des Punkts, wo der Feldweg auf die Straße trifft, ein Pfad zum Wasser (km 13,5).

Die Tour ist für wandererfahrene Kinder gut machbar. Sie werden großen Spaß an den Darstellungen der Neandertalerwelt auf den Infotafeln entlang des Wegs zur Roca dels Bous haben. Auch Geiersichtungen, die spannende Wegführung und das Bad am Schluss machen die Tour für die kleinen Wanderer vergnüglich.

Für Hunde ist der Weg geeignet, es gibt allerdings nur ganz am Anfang und zum Schluss Wasserstellen sowie eine Quelle auf halber Strecke, die allerdings nicht direkt am Weg liegt.

P Parkmöglichkeiten auf dem Parkplatz am Restaurant l'Isard und dort an der Straße.

Anreise mit der Bahn von Lleida oder Balaguer nach Sant Llorenç de Montgai, verkehrt viermal täglich, www.trendelsllacs.cat oder http://lleidalapobla.fgc.cat

Die Panoramatour auf den Montalegre startet am Parkplatz neben dem Restaurant L'Isard.

Restaurant L'Isard, Carrer Afores 0, Sant Llorenç de Montgai, ☏ +34-973 42 02 75, nur auf telefonische Vorabreservierung

Zur ⌘ Roca dels Bous, der Ausgrabungsstätte einer Neandertalersiedlung nahe dem Ausgangspunkt der Tour, können Sie vom Parkplatz aus einen kurzen Abstecher machen. Anhand der Infotafeln können Sie sich einen Überblick über das Leben in der Höhle verschaffen. Geführte Touren können Sie im Visitor Center Espais d'Origen in Camarasa reservieren.

♦ Espais d'Origen, ☏ +34-973 42 00 68, http://espaiorigens.es/en/, einen digitalen Rundgang gibt es unter http://larocadelsbous.uab.cat/en

Am Ausganspunkt befindet sich eine Tafel, auf der der extrem schwierige Klettersteig Cagate Lorito beschrieben wird. Sie folgen dem Wegweiser Richtung Klettersteig „Via Ferrata", halten sich dann aber schon an der nächsten Gabelung rechts, anstatt nach links in Richtung des Klettersteigs zu gehen.

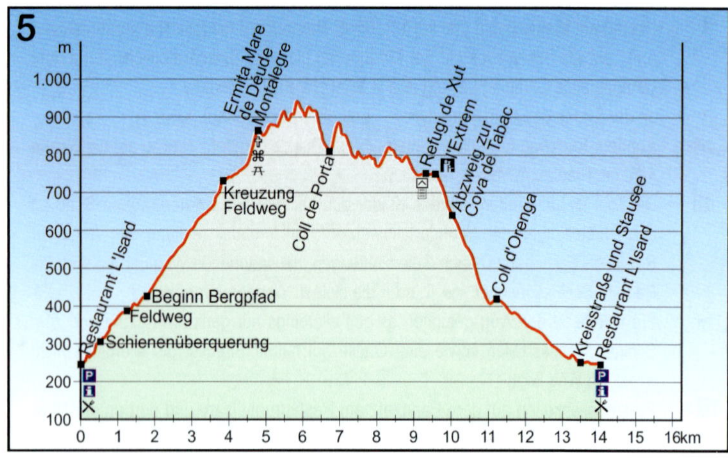

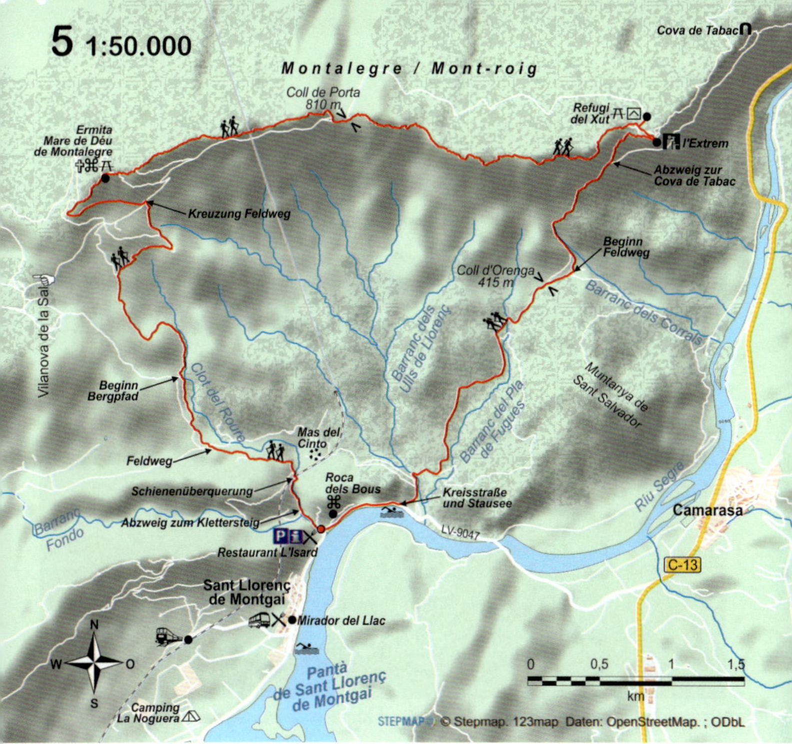

Es geht nun steil bergan auf einen Bahndamm. Sie überqueren die Gleise (☝ der Zug fährt viermal täglich, unter 💻 www.trendelsllacs.cat finden Sie den Fahrplan). Rechter Hand sehen Sie den verlassenen Weiler Mas del Cinto, Sie folgen aber dem Weg nach links bergan. Sie treffen auf einen Feldweg, dem Sie ganz kurz folgen, um ihn dann auf einem Pfad abzukürzen. Dieser mündet dann noch einmal in den Feldweg. Sie folgen diesem wieder ein kurzes Stück und gehen dann endgültig rechts von ihm ab und in Richtung des Felsmassivs des Montalegre. An der Weggabelung gehen Sie geradeaus weiter, anstatt dem breiteren Weg nach links zu folgen. Dann treffen Sie auf den Fahrweg, der sich gleich darauf gabelt und Sie nach rechts zum Fuß der rötlichen Kalkfelswände führen würde. Sie folgen ihm jedoch nach links bergan und verlassen ihn kurz darauf nach rechts auf einen Pfad, der eine ausladende Windung des Feldwegs abkürzt.

Sie erreichen die ✞ Kapelle Ermita Mare de Déu de Montalegre.

⌘ Hier oben auf dem Montalegre lagen im Spanischen Bürgerkrieg Truppen der Falange. Wer sich dafür interessiert, kann unter anderem bei Camarasa den Kriegsschauplatz Merengue besichtigen, wo Schützengräben wiederhergerichtet wurden und Schautafeln informieren.

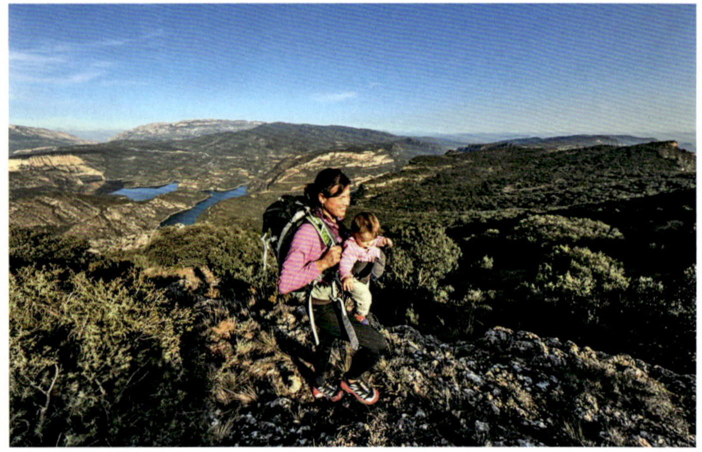

Gratweg hinter Coll de Porta mit Blick auf Pantà de Camarasa, Balconet und Montsec

Sie folgen nun dem aussichtsreichen Pfad entlang des Grats. Thymian- und Rosmarinduft steigt in die Nase, während der Blick zum lang gestreckten Felsriegel Montsec und zu den dahinter liegenden, verschneiten Pyrenäen wandert. In der entgegengesetzten Richtung sehen Sie über die Ebene von Lleida hinweg den Montserrat bei Barcelona und die Muntanyes de Prades, die sich bei Tarragona direkt aus dem Meer zu erheben scheinen. Sanft geht es über den Bergzug Montalegre bergauf und dann wieder bergab bis zum Coll de Porta, wo der Pfad den Fahrweg kreuzt. Auf der anderen Seite gehen Sie immer noch entlang des Grats wieder bergauf, dann wieder bergab bis zur ⌂ ⩚ Schutzhütte Refugi del Xut. Es lohnt sich, hier einen kurzen Abstecher zur Kante des Kliffs und dem Aussichtspunkt l'Extrem zu machen. Nun folgen Sie dem Pfad in Richtung Südsüdwest und verlieren schnell an Höhe.

↳ Ein Abzweig nach links würde Sie an den Fuß der großen Kletterwände und schließlich zu den beiden Hallen der frei zugänglichen ⌘ Höhle Cova de Tabac führen. Der Trampelpfad ist teilweise etwas unwegsam, die Mühe lohnt sich allerdings: Die Höhle, in der einst Schmuggler ihre Ware versteckten, ist eindrucksvoll. In den durch schmale Zwischengänge verbundenen großen Hallen, in denen mit der Zeit pittoreske Skulpturen, Stalaktiten und Stalagmiten entstanden sind, kühlen Sie sich ab. Außerdem befinden sich hier von der UNESCO als Weltkulturerbe gelistete prähistorische Höhlenmalereien, die Sie allerdings etwas suchen müssen. Taschenlampe mitnehmen! Alternativ können Sie die Höhle auf bequemem, ausgeschildertem Weg vom Staudamm von Camarasa erreichen.

Sie gehen nun allerdings weiter bergab – und sollten dabei nach Fossilien Ausschau halten, die hier dicht an dicht liegen. Sie erreichen einen lehmigen Fahrweg, dem Sie nach rechts folgen. An einer Weggabelung halten Sie sich rechts und überwinden einen winzigen Gegenanstieg. Nun fehlen nur noch rund 200 m bis zur Straße, der Sie nach rechts zum Ausgangspunkt folgen.

6 Sant Llorenç de Montgai

Tour für Genießer und Naturliebhaber

Die Tour um den Stausee führt mal durch feuchten, tiefen Wald, dann durch trockenes Gestrüpp und unterhalb steiler Felswände. Dabei eröffnen sich Ihnen immer wieder neue Ansichten auf den See und auf das Bilderbuchdorf Sant Llorenç de Montgai, die Postkarten würdig sind. An Geschichte Interessierte kommen auf ihre Kosten an der prähistorischen Ausgrabungsstätte Roca dels Bous und Ornithologen an den Vogelbeobachtungshäuschen auf der Westseite des Sees.

Start/Ziel: Bar Mirador del Llac in Sant Llorenç de Montgai, GPS N 41°52.009' E 000°50.441'

8,2 km

2 Std.

140 m/140 m

244-281 m

keine Markierungen

Mirador del Llac in Sant Llorenç de Montgai (km 0 und km 8,2) und auf dem Campingplatz La Noguera (km 7,5)

Bänke und Sitzplätze am See (km 0 und km 8,2) und vor dem Campingplatz Camping La Noguera (km 7,5)

innerhalb des Orts Sant Llorenç de Montgai, (km 0 und km 8,2), unterhalb der Straße (km 1), im Bereich zwischen Staumauer und Campingplatz (km 7) und vor dem Campingplatz Camping La Noguera (km 7,5)

Die Tour ist auch mit kleineren Kindern gut machbar, da sie keine großen Steigungen aufweist und die Beschaffenheit des Wegs recht gut ist. Nur an zwei kurzen Abschnitten, hinter der Brücke Pont d'Escalera und unterhalb des Grats Cresta de Coma de Gelis, ist der Weg ausgesetzt. Vogelbeobachtungshäuschen und die Ausgrabungsstätte einer Neandertalersiedlung, La Roca dels Bous, sind interessante Stopps.

Der Weg ist für Hunde geeignet. Sie können weitgehend frei laufen. Nach Sant Llorenç de Montgai geht es ein Stück an der Straße entlang, hier sollten Sie Ihren Hund anleinen. Außerdem erfolgt die Überquerung der Staumauer auf Bodengittern.

P innerhalb von Sant Llorenç de Montgai an der Straße, am besten auf dem großen Parkplatz oberhalb des Sees (km 0 und km 8,2), am Restaurant L'Isard, an der Straße unterhalb der Kletterwände und der Ausgrabungsstätte La Roca dels Bous (km 0,5), an der Pont d'Escalera (km 2) sowie vor dem Campingplatz Camping La Noguera (km 7,5).

 von Lleida nach Sant Llorenç de Montgai, teilweise mit Umstieg in Balaguer, verkehrt viermal täglich, www.trendelsllacs.com oder http://lleidalapobla.fgc.cat. Der Bahnhof liegt etwa 800 m oberhalb des Orts.

Sie parken in Sant Llorenç de Montgai idealerweise auf dem Parkplatz oberhalb des Sees, wo Sie auch baden können (allerdings ist das Wasser des Flusses oberhalb des Dorfs klarer). Die Tour startet an der Bar/Restaurant Mirador del Llac in Richtung Norden.

Mirador del Llac, Passeig del Segre 19 A, Sant Llorenç de Montgai, +34-973 42 00 03, Di-So 9:00-23:00, Mo geschlossen

Am Ortsende schwenken Sie dann auf einen Weg rechts ein, um nicht auf der Straße gehen zu müssen. Es geht vorbei an dem Restaurant l'Isard.

Restaurant L'Isard, Carrer Afores 0, Sant Llorenç de Montgai, +34-973 42 02 75, nur auf telefonische Vorabreservierung

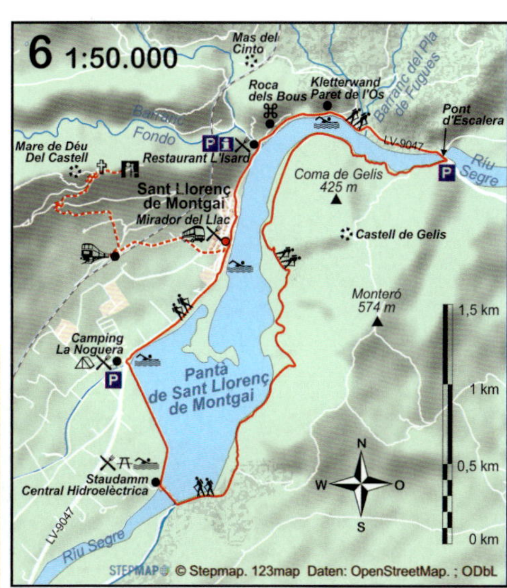

Kurz darauf kommen Sie an Parkplätzen vorbei, die vor allem von Kletterern und Klettersteiggängern, aber auch von Besuchern der Roca dels Bous, einer prähistorischen Ausgrabungsstätte, benutzt werden.

Zur ⌘ Roca dels Bous, der Ausgrabungsstätte einer Neandertalersiedlung, könne Sie vom Parkplatz aus einen kurzen Abstecher machen. Anhand der Infotafeln können Sie sich einen Überblick über das Leben in der Höhle verschaffen. Geführte Touren können Sie im Visitor Center Espais d'Origen in Camarasa reservieren.

- Espais d'Origen, ☏ +34-973 42 00 68, 💻 http://espaiorigens.es/en/, einen digitalen Rundgang gibt es unter 💻 http://larocadelsbous.uab.cat/en

Sie folgen der Straße unterhalb der Kletterfelsen.

↳ An deren Ende führt rechts ein schmaler Pfad hinunter zum Fluss und zu einer Badestelle.

Für die Hauptroute folgen Sie aber der Straße, überqueren die Brücke Pont d'Escalera und schwenken danach rechts in den Pfad ein, der Sie nun in stetem Auf und Ab über fast 4 km bis zum Staudamm führt.

↳ Etwa auf halber Strecke geht links ein Pfad ab, der Sie in etwa 40 Min. zum Gipfel des Monteró führt.

Sie überqueren den Gitterweg des Staudamms und folgen dann mit prächtigen Aussichten auf den See und die dahinterliegenden Berge dem Weg bis zur Straße

Stausee Pantà de Sant Llorenç de Montgai

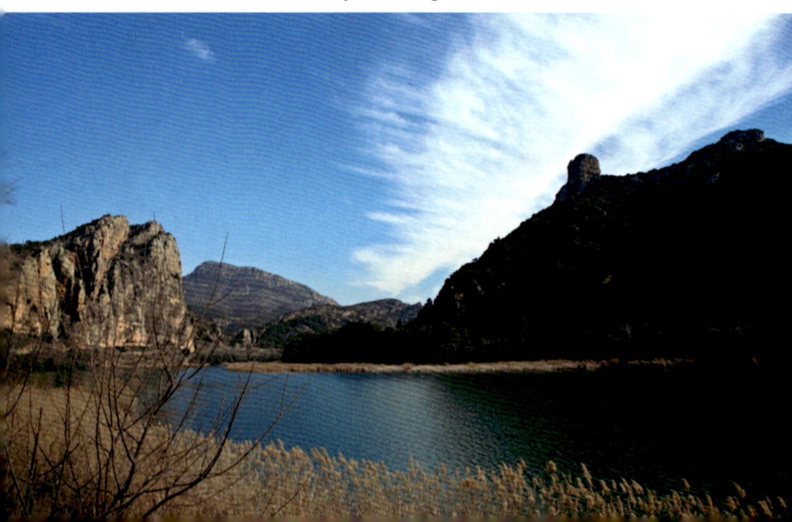

und dem Campingplatz. Hier können Sie entweder auf den dafür vorgesehenen Steinen picknicken oder auf dem Campingplatz einkehren, wo Sie überraschend gut essen können. Vor dem Campingplatz können Sie ebenfalls baden ().

Camping La Noguera, Partida la Solana, s/n, 25613 Sant Llorenç de Montgai, +34-973 42 03 34, www.campinglanoguera.com, im Sommer 9:00-24:00, außerhalb der Hauptsaison Fr u. Sa 9:00-24:00, So-Do 9:00-18:00

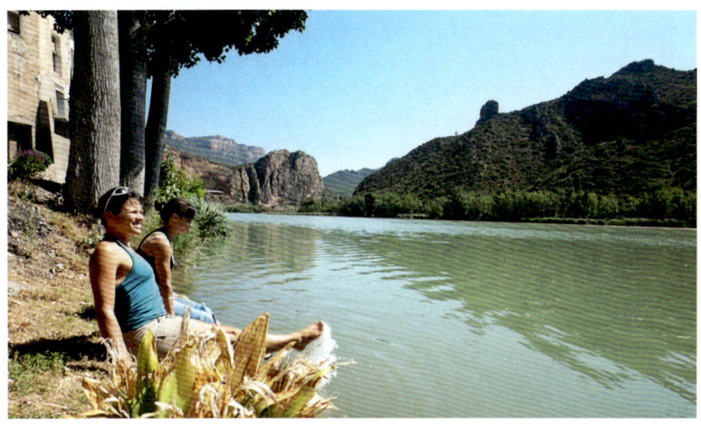

Erfrischung am Stausee Pantà de Sant Llorenç de Montgai

Sie folgen nun parallel zur Straße dem Weg am See, kommen später an einigen Vogelbeobachtungshäuschen vorbei und erreichen nach Passieren einer weiteren Badestelle den Ort. Nun können Sie die Tour entweder in der Bar abschließen oder Sie gehen noch zur Kapelle oberhalb von Sant Llorenç.

Dazu folgen Sie den Schildern in Richtung Bahnhof (RENFE/estació de tren) und gehen dann vom Bahnhof aus entweder über den breiten Fahrweg oder über den ausgeschilderten Wanderpfad, der den Fahrweg abkürzt, zur Kapelle Ermita de la Mare de Déu de Sant Llorenç sowie zur just oberhalb der Kapelle gelegenen Burgruine Castell de Sant Llorenç de Montgai. Wenn Sie die Kapelle besichtigen möchte, können Sie den Schlüssel auf dem Campingplatz Camping La Noguera abholen.

❼ Congost de Mu - Serra Carbonera

Tour für Naturliebhaber, Sportliche und geschichtlich Interessierte

Die Tour ist an Varianz und Schönheit kaum zu überbieten. Das malerische Dorf Alós de Balaguer, wo die Tour startet, ist vom Wasser geprägt, das dort überall aus Quellen und Brunnen sprudelt. Entlang des Segre-Flusses führt die Tour dann durch die Schlucht Congost de Mu bis zu den Staudämmen am „aiguabareig" in Camarasa, wo sich der Fluss Noguera Pallaresa mit dem Segre vereint. Von hier aus geht es bergauf zur Kapelle Sant Jordi, die oberhalb der Steilwände thront. Oben auf der Serra Carbonera befinden Sie sich dann auf einem weiteren Schauplatz des Bürgerkriegs. Hier verlief die Segrefront – Schützengräben, Munitionslager etc. zeugen noch davon. Es war wohl dem Fernblick, der bis zu den Muntanyes de Prades bei Tarragona und dem Montserrat bei Barcelona reicht, geschuldet, dass die republikanischen Truppen hier Stellung bezogen. Heute können Sie hier oben die schönsten Sonnenuntergänge der Region genießen.

Start/Ziel: Brücke bei Alòs de Balaguer, GPS N 41°54.776' E 000°57.393'

24,5 km

7 Std.

861 m/861 m

269-709 m

teilweise Steinmännchen

nicht direkt am Weg, aber Einkehrmöglichkeiten in Camarasa (z. B. Restaurant Can Pere) und Alòs de Balaguer (z. B. El Molí d'Alòs), Quellen in Camarasa in der Nähe des Wasserwerks (km 6,5), Brunnen an vielen Stellen in Alòs de Balaguer und am Picknickplatz L'Espadella (km 1)

Picknickplatz L'Espadella (km 1), Ermita Sant Jordi (km 10)

Sie können sich in Alòs de Balaguer und Camarasa im Fluss erfrischen (z. B. zwischen km 0 und km 1 und bei km 6,5). In Camarasa nicht aus den geschützten Buchten herausschwimmen: Die Strömung kann gefährlich sein, insbesondere in der Nähe und oberhalb der alten Römerbrücke, wo es zu mehreren Todesfällen kam! Zwischen Camarasa und Sant Llorenç können Sie unbedenklich schwimmen.

Die gesamte Tour über die Serra Carbonera ist nur für ältere, wandererfahrene Kinder machbar. Die kurze Variante durch den Congost de Mu und zurück ist für Kinder gut machbar und vor allem durch den Höhepunkt der Hängebrücke sehr interessant.

Für ausdauernde Hunde ist der Weg geeignet.

Parkplatz in Alòs de Balaguer am großen Brunnen

keine Anreise mit Bus oder Bahn möglich

Die Tour kann sowohl in Alòs de Balaguer als auch in Camarasa begonnen werden. Als kürzere Variante bietet es sich an, durch die malerische Schlucht Congost de Mu zwischen Alòs de Balaguer und Camarasa hin- und zurückzugehen. Dadurch sparen Sie sich einige Höhenmeter. Die Tour ist dann 13 km lang und Sie sind insgesamt nur rund 2 Std. 30 Min. unterwegs.

Auch sehr schön ist nur der Aufstieg vom Staudamm in Camarasa zur Ermita Sant Jordi und zurück. Die Strecke ist 6,5 km lang und Sie brauchen 1 Std. 45 Min.

Die Tour startet an der Brücke, über die Sie von den Ortschaften Rubió de Dalt und Rubió del Mig kommend den Ort Alòs de Balaguer erreichen. Am großen Brunnen jenseits der Brücke können Sie parken. Sie folgen nun dem unbefestigten Fahrweg entlang des Flusses bis zum Picknickplatz L'Espadella. Hier können Sie Ihre Flaschen auffüllen. Der Fahrweg geht in einen an den Fels angebrachten Pfad über und führt an der Passarel·la de Mu ein kurzes Stück über

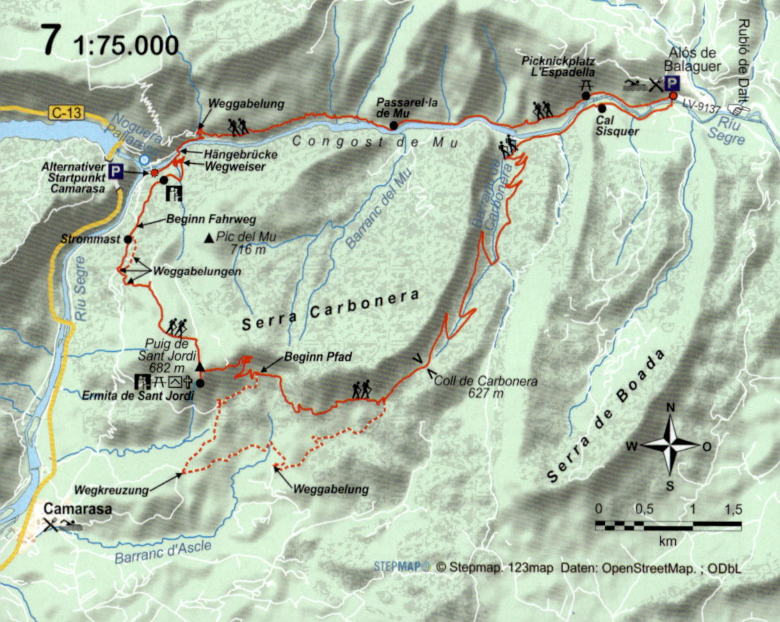

Bodengitter. Der Pfad wird ebener und zieht sich auf etwa 300 Höhenmeter durch die imposante Schlucht Congost de Mu und steigt zuletzt rund 50 Höhenmeter an, bis er Sie schließlich an einer Weggabelung nach links führt statt nach rechts steil bergan. Sie laufen den Pfad fast bis auf Wasserniveau hinab und über die Hängebrücke. Nun weist ein Schild den Weg nach links zur Ermita Sant Jordi.

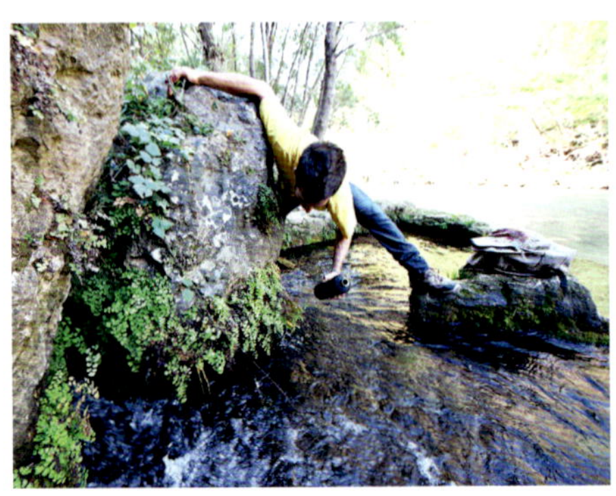
Quelle in der Nähe des Wasserwerks

Bevor Sie jedoch den Anstieg zur Kapelle angehen, ist es ratsam, noch rund 100 m geradeaus zu gehen und über Bodengitter den Staudamm zu überqueren, um Ihre Flaschen aufzufüllen – und den Blick auf die beiden Staudämme am „aiguabareig", der „Wasservermengung" der Flüsse Segre und Noguera Pallaresa, zu genießen. Um zur 💧 gefassten Quelle auf Ebene des Flusses zu gelangen, nehmen Sie am Tor des Wasserwerks und bei

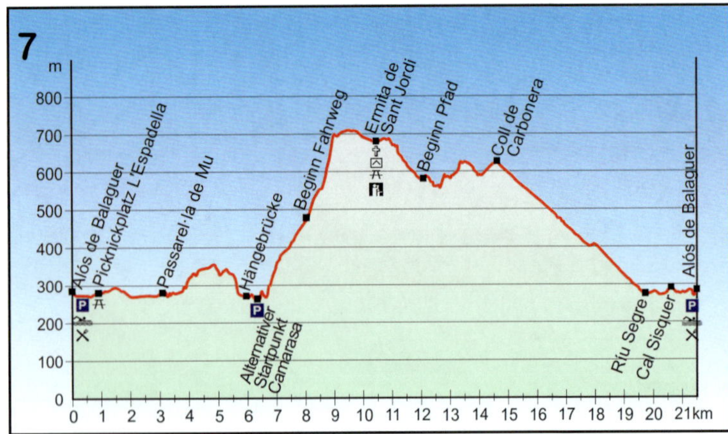

einigen Hinweisschildern über die geschützte Flora und Fauna der Schlucht den Pfad nach rechts unten. Der Parkplatz am Wasserwerk ist ein alternativer Startpunkt für die Tour.

Sie gehen zurück über den Staudamm und den Gitterweg („passarel·la" auf Katalanisch) zur Weggabelung und steigen nun stetig bergan gen Puig de Sant Jordi. Sie passieren einen weiteren Wegweiser mit der Angabe „Sant Jordi 5,6 km". Sie gehen unter Stromleitungen durch und treffen nach rund 25 Min. auf einen Fahrweg, dem Sie folgen. An der ersten Weggabelung halten Sie sich links und an der nächsten wieder links, um so den Fahrweg abzukürzen (dem Sie aber auch folgen können). Sie passieren immer wieder Elektrizitätsmasten und unterqueren weitere Stromleitungen. 5 m bevor der Fahrweg abrupt endet, verlassen Sie ihn in seiner letzten Rechtskurve nach links. Den Steinmännchen folgend führt nun ein Pfad bergauf.

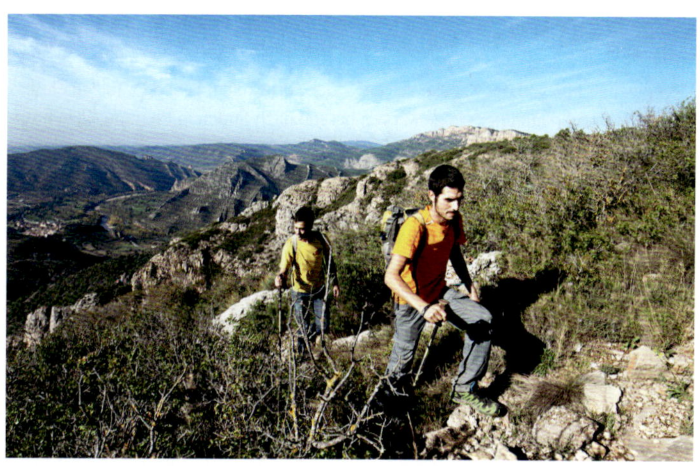

Aufstieg zur Ermita de Sant Jordi

Oben auf der Serra Carbonera haben Sie einen eindrucksvollen Ausblick auf die Schlucht, die Sie auf dem ersten Wegstück hinter sich gelassen haben. Sie gehen nach Süden, dann Südosten, erreichen Felder und eine Scheune und schließlich die ✞ Kapelle Ermita de Sant Jordi. Neben der Kapelle befindet sich ein Schutzraum. Von hier haben Sie einen Blick gen Süden über die Ebene von Lleida bis hin zu den Muntanyas de Prades und manchmal bis zum Montserrat bei Barcelona.

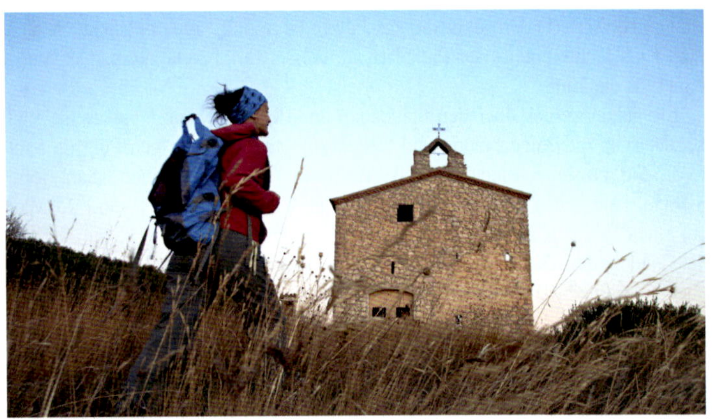

Ermita de Sant Jordi

Sie gehen nun von der Kapelle aus ein Stück zurück zum Fahrweg, folgen diesem nach Osten und dann über einige Kurven bergab nach Süden in Richtung Camarasa. In der vierten Rechtskurve führt ein Pfad zwischen den Bäumen ab, der allerdings nicht markiert ist. Er führt Sie nach Osten direkt zum Pass Coll de Carbonera.

Falls Sie den Pfad nicht finden, können Sie aber auch dem Fahrweg in südliche Richtung bergab folgen (den Fahrweg, der nach rechts abgeht, ignorieren Sie) und dann etwa 200 Höhenmeter weiter unterhalb an der Gabelung an einem Mandelfeld nach links gehen. Nun steigen Sie sanft nach Osten an und halten sich an den beiden folgenden Weggabelungen links. Es folgt ein Anstieg von 140 Höhenmetern, bis Sie schließlich den Coll de Carbonera erreichen.

Jenseits des Gebirgszugs Serra Carbonera geht es nun nur noch bergab bis zum Fluss Segre. Sie folgen diesem nach rechts flussaufwärts durch ein Naturschutzgebiet.Sie passieren das Gebäude Cal Sisquer und erreichen bald die Brücke und damit den Ausgangspunkt.

☺ Eine Besichtigung des Orts ist empfehlenswert. Im oberen Teil des Orts geht von der Gasse C/ de la Costa ein Pfad zur Ruine der ♜ Burg, die vermutlich im 10. Jahrhundert von den Mauren errichtet wurde. In den Jahren 1015 und 1016 wurde sie vom Graf Borell i de Barcelona für die Christen erobert.

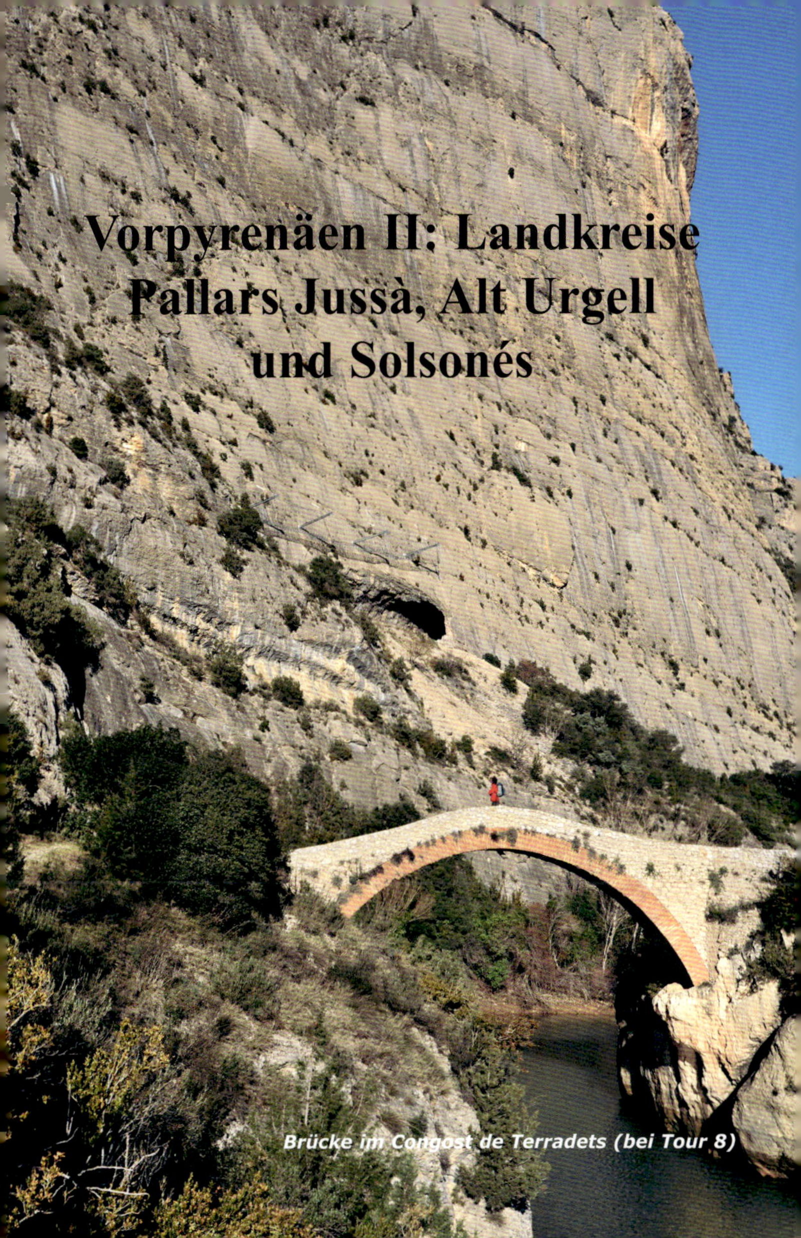

Brücke im Congost de Terradets (bei Tour 8)

8 Roca Regina

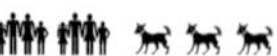

Tour für Naturliebhaber

Die Tour um die Roca Regina ist wie so viele Touren der Region von der Sicht auf senkrechte Felswände geprägt. Die über 400 m hohe, teils überhängende Steilwand ist bei Kletterern legendär. Im September findet hier ein Wettkampf statt, bei dem Kletterer über 24 Stunden so viele Touren wie möglich durchsteigen. In den Gumpen des Barranc del Bosc können Sie sich auf der Wanderung vor allem im Frühsommer herrlich erfrischen.

Start/Ziel: Parkplatz an der alten Kreisstraße, GPS N 42°02.750' E 000°53.540'

8,2 km

2 Std. 30 Min.

392 m/392 m

341-646 m

Steinmännchen

keine Einkehrmöglichkeit am Weg, nächste Einkehrmöglichkeit ist das Hotel Terradets in Cellers

keine Bänke, aber schöne Plätze bei der Badestelle (km 0,3) und am Gipfel (km 2,7)

Sie können in den kleinen Gumpen des Barranc del Bosc (zwischen km 0,5 und km 1,5) oder im Pantà de Terradets (ab km 5) baden. Bei km 6,5 können Sie, anstatt der alten Kreisstraße nach rechts zu folgen, etwa 1 km nach links zu einer herrlichen Badestelle gehen.

Die Tour ist für wandererfahrene Kinder gut machbar und durch die Bademöglichkeiten in den Gumpen abwechslungsreich.

Für Hunde ist der Weg gut geeignet. Es gibt immer wieder Wasserstellen.

P Parkplatz an der alten Kreisstraße

Anreise zum Bahnhof Cellers mit dem Tren dels Llacs möglich, Mo-Sa viermal täglich, sonntags zweimal täglich, www.trendelsllacs.cat oder http://lleidalapobla.fgc.cat.

Um zum Parkplatz zu gelangen, müssen Sie von Süden kommend vor dem zweiten Tunnel rechter Hand auf die alte Straße abbiegen und parken gleich dort vor einer Informationstafel. Hier beginnt die Wanderung. Sie überqueren nun die Hauptstraße (Vorsicht!) und folgen links des Baches dem Wegweiser „Roca Regina" unter der mächtigen Zugbrücke durch. Rechter Hand blicken Sie

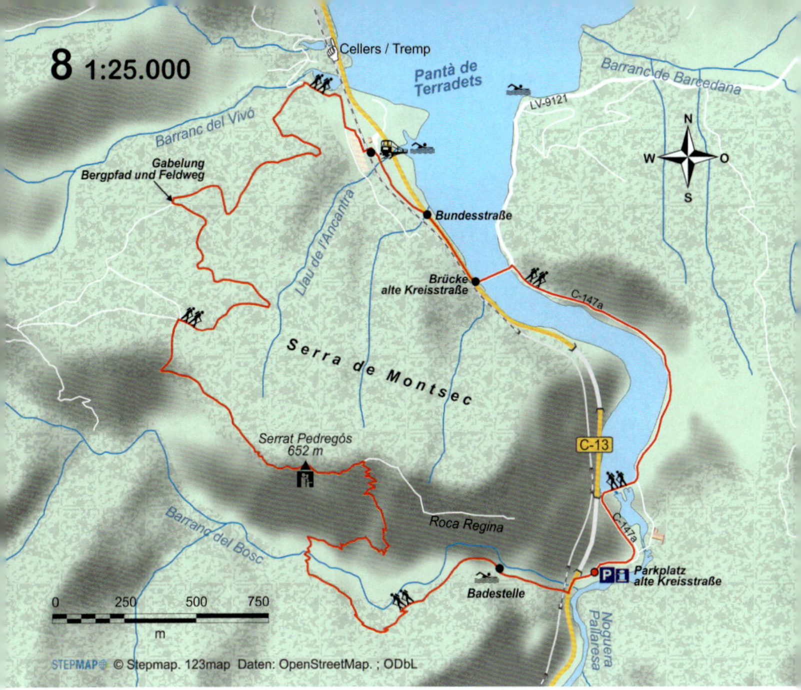

8 1:25.000

STEPMAP © Stepmap. 123map Daten: OpenStreetMap. ; ODbL

nun auf die Roca Regina, eine 500 m hohe Kletterwand. Vor allem im Frühsommer können Sie in den Gumpen des Barranc del Bosc gut baden. Im Spätsommer, wenn der Fluss wenig Wasser führt, können sie jedoch gekippt sein. Der Weg quert das Bachbett und führt Sie zügig bergan auf das Plateau oberhalb der Roca Regina. Am höchsten Punkt eröffnet sich eine fantastische Aussicht.

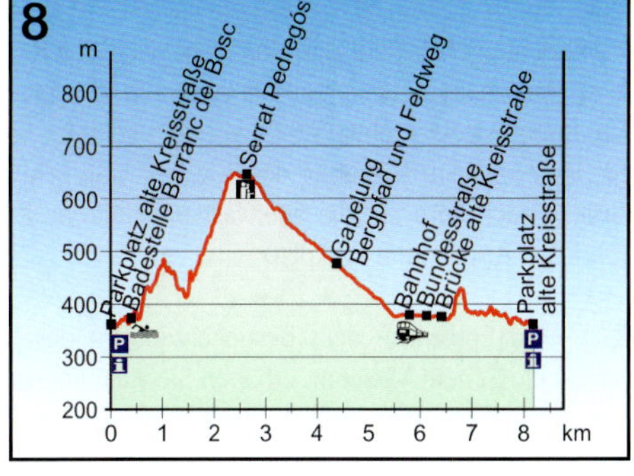

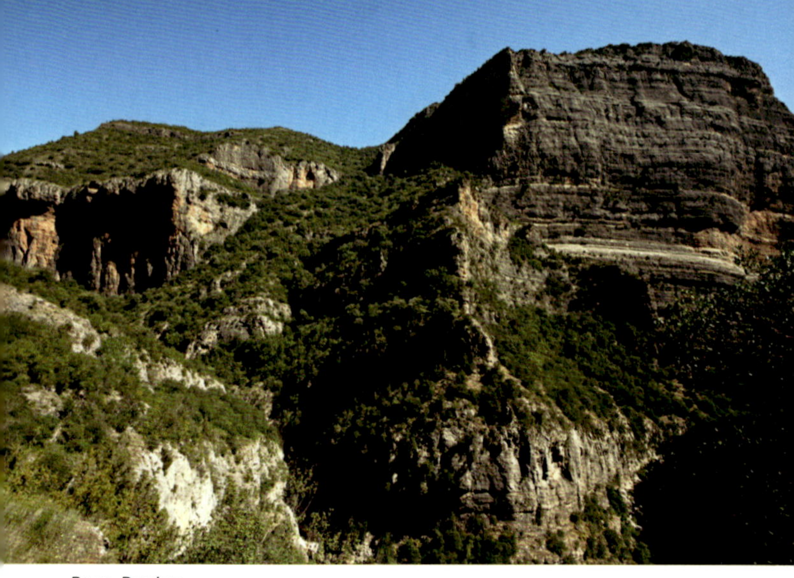

Roca Regina

↳ Sie können hier vom Gipfel oberhalb der Roca Regina aus auf demselben Weg zurückgehen. Die Tour dauert dann nur etwa 1 Std.

Nun steigen Sie auf der Nordseite der Roca Regina hinab zum Bahnhof Cellers. Dazu halten Sie sich an der nächsten Weggabelung rechts und dann an der Kreuzung wieder rechts. Sie folgen dem Feldweg bis zum Bahnhof. Nun müssen Sie leider ein Stück entlang der Bundesstraße gehen, können aber bald über die Brücke nach links auf die alte, fast unbefahrene Kreisstraße ausweichen. Diese führt Sie zurück zum Parkplatz.

⌘ Im Epicentre, dem Besucherzentrum des Landkreises Pallars Jussà mit angeschlossenem Museum, erhalten Sie viele Informationen über die Region, insbesondere auch über spektakuläre Dinosaurierfunde.

♦ Epicentre, Passeig del Vall 13, 25620 Tremp, ☏ +34-973 65 34 70, 🚪 Mo-Sa 10:00-14:00 und 17:00-20:00, So 9:30-13:30

9 Sant Salvador de Bosc

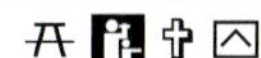

Tour für Naturliebhaber und Kulturinteressierte

„Weg der 100 Kurven" wird der Aufstieg zur Kirche Sant Salvador de Bosc, auch Sant Salvador de Montsec, genannt. Es sind tatsächlich nahezu hundert Kurven, die der Weg auf der kühlen Nordseite des Montsec überwindet. Mehrere wichtige Wallfahrten im Jahr führen zu der imposanten Kirche, neben der sich auch eine Schutzhütte befindet.

Start/Ziel: an einem unbefestigten Fahrweg (am Wegweiser zur Sant Salvador de Bosc Tour), GPS N 42°03.057' E 000°55.771'

12,6 km

3 Std. 45 Min.

1.171 m/1.171 m

493-1.462 m

Steinmännchen, Wegweiser

keine Einkehrmöglichkeit am Weg, Hotel Terradets in Cellers

Picknickplatz vor der Kapelle bzw. der Schutzhütte (km 3,5 und km 9,1)

Es gibt keine Badestellen direkt am Weg. Sie können aber im Pantà de Terradets baden, z. B. in der Kurve, die die Straße nach Llimiana vor der Brücke macht. Hier kommen Sie bei der Anfahrt zum Ausgangspunkt der Tour vorbei.

Die Tour ist für Kinder geeignet. Sie ist durch die vielen Kurven, die die Kinder zählen können (sind es tatsächlich hundert Kurven?), durch die Stationen des Kreuzwegs und dem aussichtsreichen Ziel interessant.

Aussicht an der Kirche Sant Salvador del Bosc

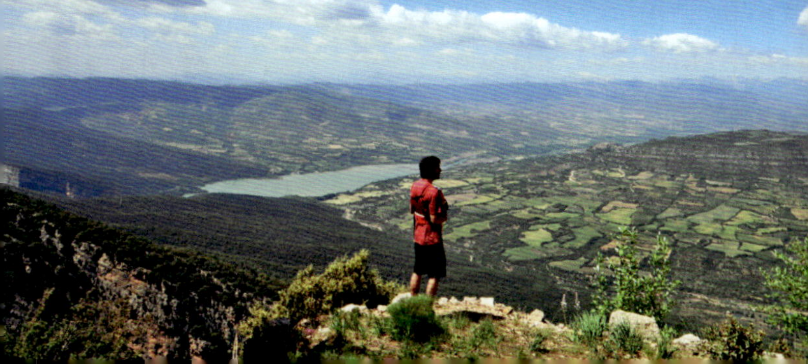

Für Hunde ist der Weg sehr gut geeignet. Allerdings gibt es keine Wasserstellen auf der Strecke.

P Parkmöglichkeit am unbefestigten Fahrweg vor dem Aufstieg zur Kapelle Sant Salvador de Bosc. Für die lange Variante können Sie auch am Parkplatz an der Font de Bagasses oder an der alten Kreisstraße starten.

Es ist keine Anreise mit Bus oder Bahn möglich. Der nächste Bahnhof ist in Cellers (Tren dels Llacs, www.trendelsllacs.cat oder http://lleidalapobla.fgc.cat).

Die Tour lässt sich zu einer großen Rundtour mit einer Länge von insgesamt 19,3 km, (6 Std. Gehzeit und 1.546 m An- und Abstieg) ausweiten. Den GPS-Track dazu können Sie auf der Internetseite des Verlags (www.conrad-stein-verlag.de) herunterladen.

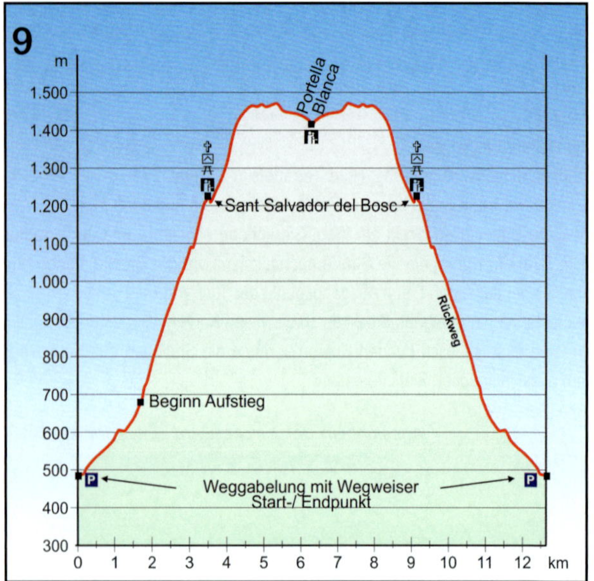

Um zum Startpunkt der Tour zu gelangen, folgen Sie der Straße nach Llimiana und fahren dann nach rechts auf den unbefestigten Fahrweg ab, wo Sie parken können. Ein Schild weist Ihnen die Richtung zur Kirche Sant Salvador de Bosc und führt vorbei an der ersten Gebetsnische mit einem Heiligen. Dann geht es durch feuchten Wald, der es erlaubt, die Tour auch im Sommer zu gehen. Über hundert Kurven schlängelt sich der Weg dann steil empor bis zur ⌂ Schutzhütte und zur ✞ Kirche, wo Ⲡ Bänke zum Picknicken einladen.

✞ Die Kirche Sant Salvador del Bosc oder Sant Salvador de Montsec wurde der Legende nach hier an dieser abgelegenen Stelle erbaut, da dort ein Bild des Heiligen Sant Salvador gefunden wurde. Es wurde in die Kirche in Llimiana gebracht, von wo es wieder verschwand, um angeblich dann wieder an derselben

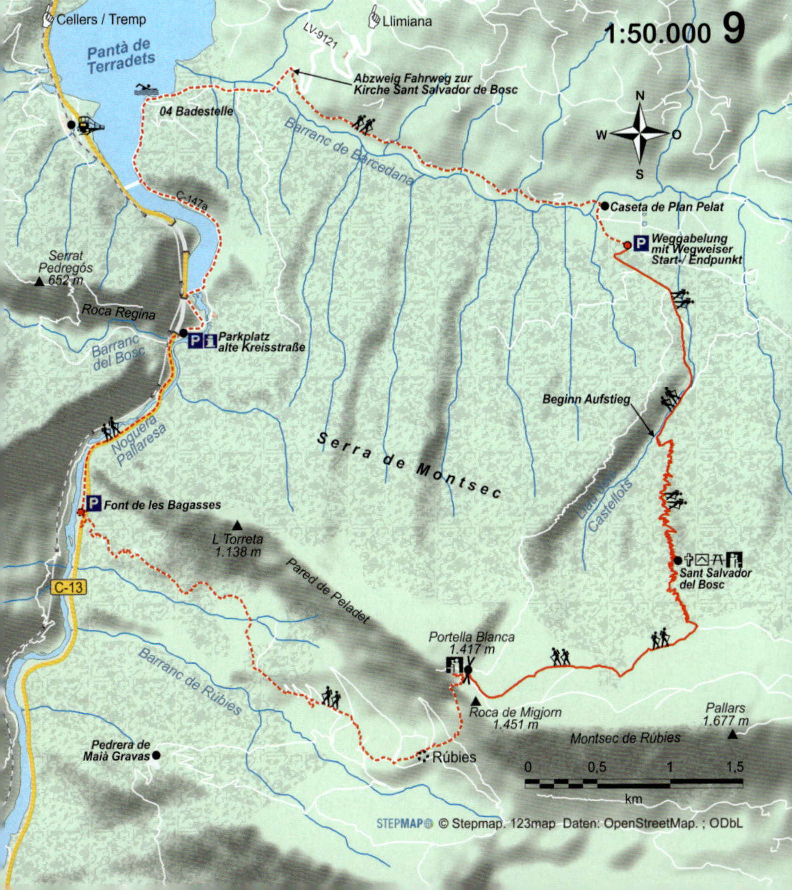

Stelle gefunden zu werden. Forscher gehen davon aus, dass sich hier bereits ein vorchristlicher Kultplatz befunden hat.

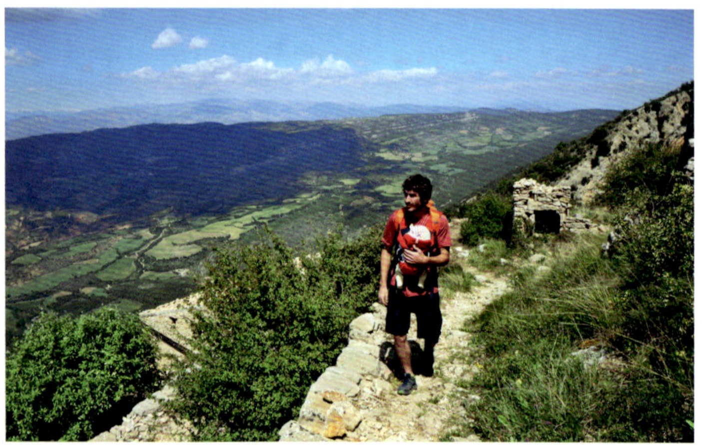

Rückblick auf die Schutzhütte

Von hier aus geht es noch rund 250 Höhenmeter bergauf, bis Sie schließlich an der Scharte Portella Blanca den Blick nach Süden über die Vorpyrenäen des Landkreises La Noguera und im Norden bis hin zu den höchsten Pyrenäengipfeln schweifen lassen können. Unter Ihnen liegt nun das verlassene Dorf Rúbies.

Sie haben die Möglichkeit, hier die Tour zu einer größeren Rundtour zu erweitern. Sie gehen von der Portella Blanca hinab zum verlassenen Dorf Rúbies, folgen dann dem unbefestigten Fahrweg nach Westen bis zu seinem tiefsten Punkt und dann dem Pfad bis zum Parkplatz an der Font de Bagasses (Brunnen). Leider folgt dann ein Stück Bundesstraße, bis Sie nach rechts auf die alte Kreisstraße abbiegen können. Dieser folgen Sie vorbei am Wasserwerk und durch Tunnel und dann, statt über die Brücke nach links zu gehen, geradeaus bis zu einer schönen Badestelle. Die Straße verlassen Sie dann nach rechts und folgen einem Feldweg, der dann zum Parkplatz führt.

Zum Ausgangspunkt gehen Sie über denselben Weg zurück.

10 Castell de Mur

Tour für Naturliebhaber, Geschichts- und Kulturinteressierte

Die Tour auf die Festung Castell de Mur und das Kloster Santa Maria de Mur ist geprägt vom Blick auf den Stausee Pantà de Terradets. Sie passieren mehrere winzige Weiler und das wieder instand gesetzte, einst verfallene Gutshaus Cal Soldat, in dem Sie einkehren und auch übernachten können. Die Festung Castell de Mur versetzt einen zurück in die Zeit, als hier die Grenze zwischen christlicher und maurischer Welt verlief. Der Montsec war die natürliche Grenze, das Vall d'Àger auf seiner Südseite wurde jedoch immer wieder erneut von den Mauren eingenommen. Das Castell de Mur war daher die letzte Festung des christlichen Reichs.

Start/Ziel: Friedhof Guàrdia de Noguera (auch: Guàrdia de Tremp), GPS N 42°05.673' E 000°52.519'

16,9 km

4 Std. 30 Min.

642 m/642 m

497-1.019 m

Steinmännchen

keine Einkehrmöglichkeit

Blick auf die Nordseite des Montsec beim Abstieg

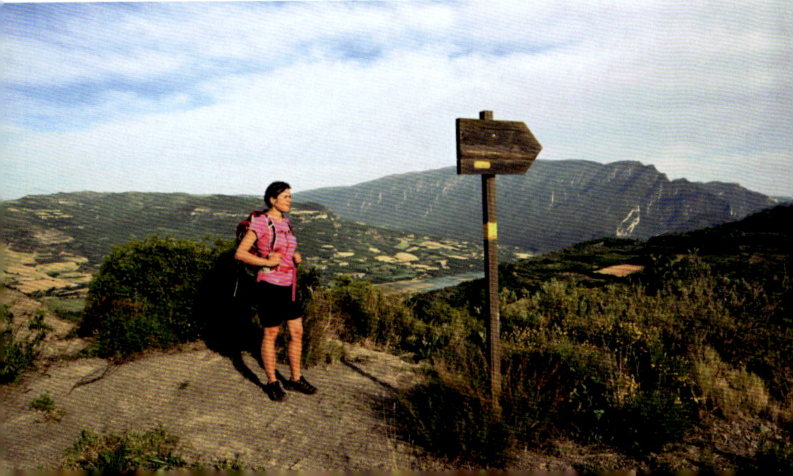

Rastplatz	am Castell de Mur (km 4,8), dem Kloster Santa Maria de Mur (km 4,6) und in Estorm (km 11,5)
Baden	Sie können zwar nicht direkt auf der Strecke, aber im Pantà de Terradets baden.
Kinder	Die Tour ist für Kinder geeignet und interessant. Die Reise in die Vergangenheit ist spannend: Das Kloster und das Castell mit seinen mächtigen Mauern regen die Fantasie an. Das Castell spielte eine wichtige Rolle bei der Verteidigung des christlichen Reichs gegen die Mauren.
Hunde	Für Hunde ist der Weg gut geeignet. Wasser mitnehmen! Die 3,5 km an der Straße entlang sind nicht sehr bedenklich, da sehr selten ein Auto kommt.
P	Parkplatz am Startpunkt am Friedhof Guàrdia de Noguera, am Castell de Mur (km 4,2) sowie in Estorm (km 11,5)
Bus/Bahn	keine Anreise zum Ausgangspunkt möglich, Anreise mit der Bahn nur nach Cellers möglich, www.trendelsllacs.cat oder http://lleidalapobla.fgc.cat.
☺	Bis zum Kloster und zur Burg können Sie auch mit dem Auto fahren.

Die Tour startet am Friedhof in Guàrdia de Noguera, auch Guàrdia de Tremp genannt. Sie folgen dem Fahrweg nach Norden und verlassen diesen dann nach links, um auf einem Pfad zu den Ruinen des Castells de Guàrdia aufzusteigen. Von dieser exponierten Stelle aus haben Sie einen exzellenten Ausblick auf den Pantà de Terradets.

Nach weiterem Aufstieg trifft der Pfad an den Gebäuden Cal Soldat auf ein Landsträßchen.

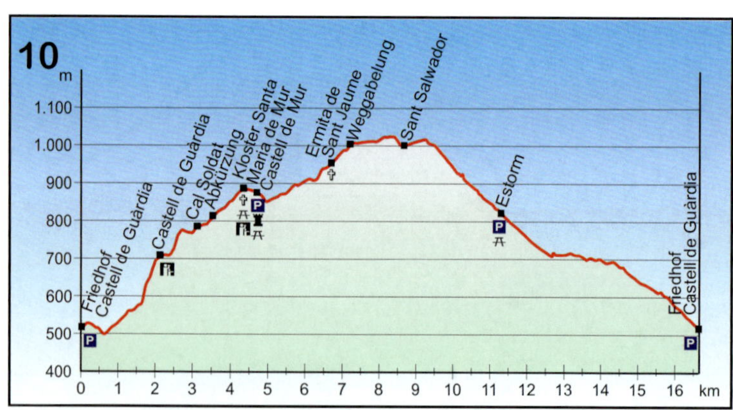

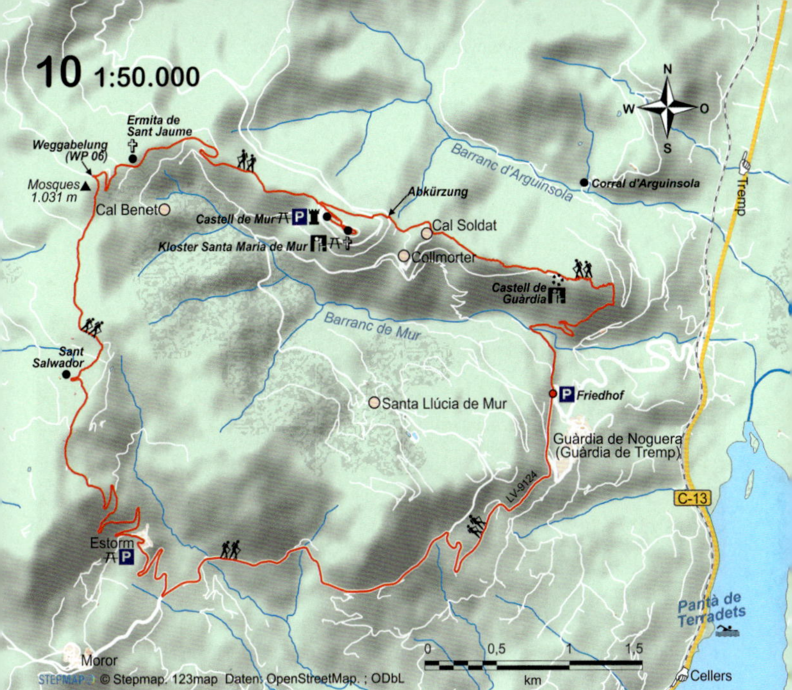

✕ Cal Soldat war einst verfallen. Heute befinden sich hier eine Casa Rural und ein Restaurant, das allerdings nur in Ausnahmefällen auch für Gäste, die nicht dort übernachten, öffnet.

♦ Cal Soldat, Carrer Principal n. 1, 25632 Collmorter-Lleida, ☏ +34-620 41 55 36, 💻 www.calsoldat.com

Sie folgen der Straße nach rechts und verlassen sie dann nach einer Links- und einer Rechtskurve nach links, um über den Pfad abzukürzen und direkt zum ✝ Augustinerkloster Santa Maria de Mur zu gelangen. Das Kloster aus dem 11. Jahrhundert liegt in direkter Nachbarschaft der ♜ Festung Castell de Mur.

✝ Augustinerkloster Santa Maria de Mur, an der Carretera LV-9124, 🚪 in der Regel für Besichtigungen offen

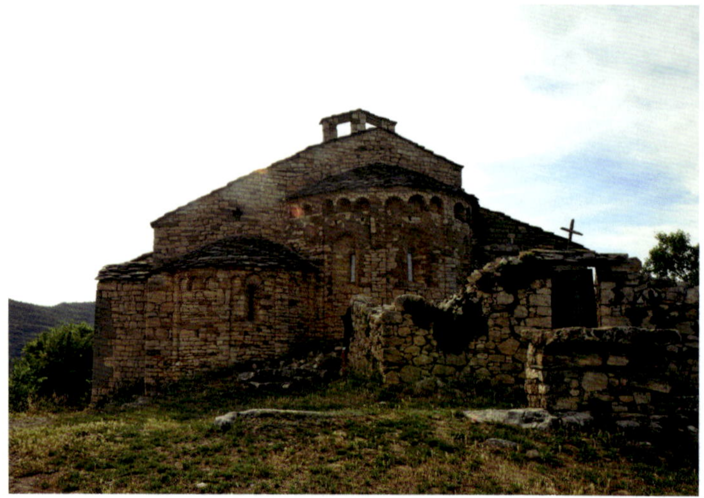

Kloster Santa Maria de Mur

Südlich zu Ihren Füßen liegen nun die Weiler Collmorter (sechs Einwohner) und Santa Llúcia de Mur (vier Einwohner). Jenseits der Burg gehen Sie nun ein kleines Stück der Straße entlang und verlassen sie gleich nach rechts auf einen Weg, der nach Westen ansteigt. An der ersten Weggabelung halten Sie sich links, an der zweiten rechts und an der dritten Weggabelung, nach der ✞ Ermita de Sant Jaume, wieder links. An der vierten Weggabelung biegen Sie ebenfalls links ab und gehen nun nach Süden. Auf über 1.000 m Höhe flankieren Sie den Gipfel Mosques auf dessen Ostseite und zwei weitere Gipfel auf deren Westseite. Nun geht es endlich leicht bergab und nach einem erneuten, aber seichten Gegenanstieg dann endgültig nur noch abwärts bis zum Weiler Estorm. Sie verlassen das Dorf über das Sträßchen, das sich bald darauf gabelt, halten sich links und erreichen nach 3,5 km den Ort Guàrdia de Noguera und den Parkplatz am Friedhof.

11 Les Masies de Nargó - Coscollet

Tour für Naturliebhaber

Bei der Tour über einen aussichtsreichen Grat auf den Panoramagipfel Coscollet, manchmal in der Schreibung mit dem dialektalen Artikel Lo Coscollet, habe Sie zahlreiche Möglichkeiten zum Fotografieren. Sie können an einer wunderschönen Buche, die im Herbst golden leuchtet, rasten.

- Start/Ziel: am Ortseingang Les Masies de Nargó, kurz Les Masies, GPS N 42°09.673' E 001°17.299'
- 17,6 km
- 5 Std.
- 1.069 m/1.069 m
- 597-1.609 m
- gelbe und blaue Markierungen
- keine Einkehrmöglichkeit auf der Strecke, aber mehrere Bars (z. B. Pensió Del Llac) in Coll de Nargó, Brunnen abseits des Weges in Coll de Nargó und Les Masies
- Rastplatz unter einer Buche (km 6)
- Die Tour ist für Kinder geeignet und durch die vielen Aussichtspunkte interessant. Da es über lange Strecken am Kliff entlang geht, sollte man die ganz kleinen Wanderer gut im Auge behalten bzw. an die Hand nehmen.

Aufstieg zum Coscollet

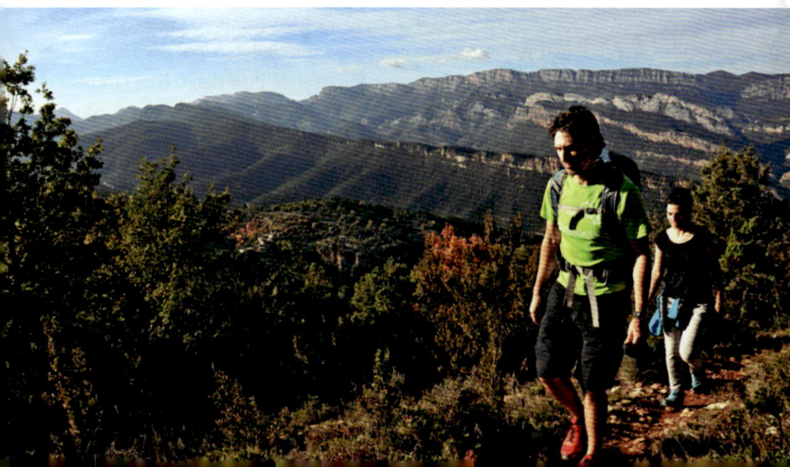

Für Hunde ist der Weg geeignet. Allerdings gibt es unterwegs kein Wasser.

Parkmöglichkeiten in Les Masies

keine Anreise mit Bus oder Bahn möglich

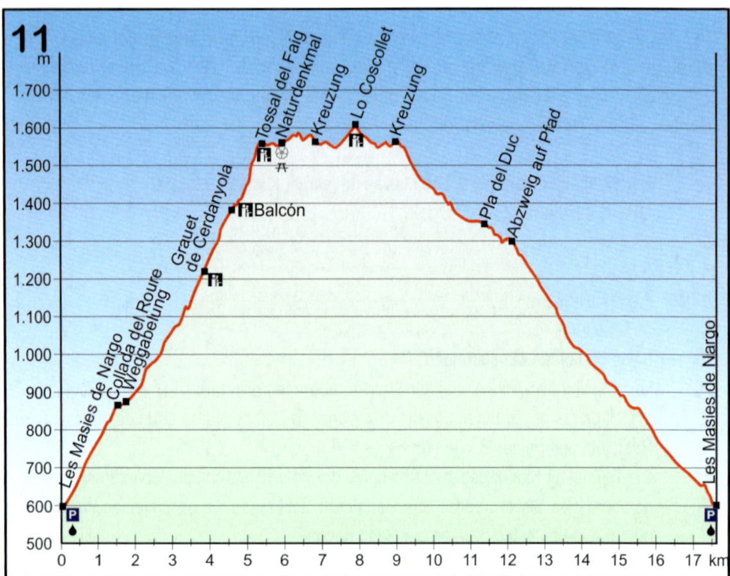

Sie starten am Ortsrand des pittoresken Dorfes Les Masies de Nargó und steigen über Treppen und schmale Gässchen hinab zum unteren Teil des Dorfes und zum Bach. Dann queren Sie den Bach und folgen dem Pfad durch Buschwerk und lichten Wald steil bergauf bis zur ersten Anhöhe, der Collada del Roure. Sie folgen immer demselben Pfad den Grat entlang und weiter bergauf bis zu einer Weggabelung, an der rechts ein Pfad zu den Bauernhäusern Vilar d'Oliva führt. Es eröffnen sich stets neue, fantastische Blicke auf den Stausee von Oliana und die steilen Felsen der Region.

Ein erster prägnanter Aussichtspunkt ist der Grauet de Cerdanyola, ein weiterer befindet sich 150 Höhenmeter weiter oben. Auch von den Klippen des Tossal del Faig blicken Sie schwindelerregend tief hinab.

Sie erreichen einen etwas besseren Weg, gehen aber gleich nach links ab und durch den Wald, um zu einer offenen Wiesenfläche direkt an der Klippe zu

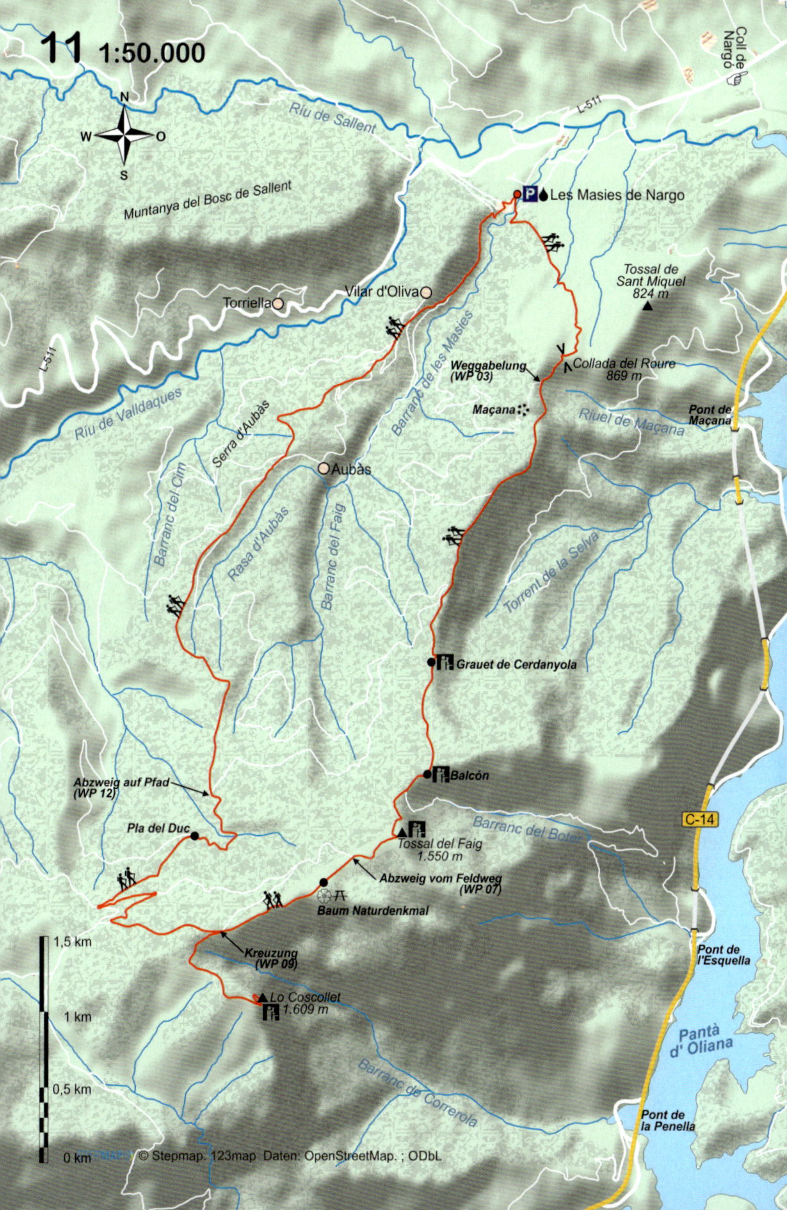
11 1:50.000
N
W
O
S
Riu de Sallent
L-511
Coll de Nargó
Muntanya del Bosc de Sallent
Les Masies de Nargo
Vilar d'Oliva
Torriella
Tossal de Sant Miquel 824 m
L-511
Collada del Roure 869 m
Weggabelung (WP 03)
Maçana
Barranc de les Masies
Riu de Valldaques
Serra d'Aubàs
Riuel de Maçana
Pont de Maçana
Aubàs
Barranc del Cim
Rasa d'Aubàs
Barranc del Faig
Torrent de la Selva
Grauet de Cerdanyola
Balcón
Abzweig auf Pfad (WP 12)
Pla del Duc
Tossal del Faig 1.550 m
Barranc del Boter
C-14
Abzweig vom Feldweg (WP 07)
Baum Naturdenkmal
Kreuzung (WP 09)
Pont de l'Esquella
Lo Coscollet 1.609 m
Pantà d' Oliana
Barranc de Correrola
Pont de la Penella
1,5 km
1 km
0,5 km
0 km
© Stepmap. 123map Daten: OpenStreetMap. ; ODbL

gelangen, auf der sich eine prächtige Buche befindet. Sie folgen der Klippe, die Sie bestimmt zum Fotografieren einlädt, und stoßen bald wieder auf den breiten Weg. Dieser führt Sie bis zum Gipfel des Coscollet.

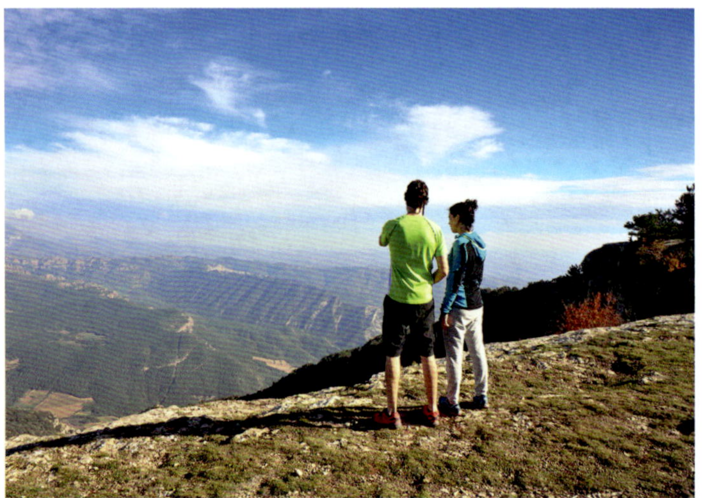

Aussicht vom Coscollet

Sie gehen wieder zurück bis zur Wegkreuzung, an der Sie zuletzt auf den breiteren Weg gestoßen sind, und nehmen nun den Pfad nach links bergab. An der Kreuzung am Pla del Duc halten Sie sich rechts und biegen rund 700 m weiter dann nach links vom Fahrweg auf einen Pfad ab. Dieser führt nun durch den Wald bis weit hinunter ins Tal, wobei er den Fahrweg viermal kreuzt und ihm zuletzt bis zum Ausgangsort folgt.

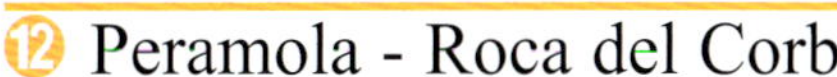

12 Peramola - Roca del Corb

Tour für Naturliebhaber und Kulturinteressierte

Das Naturdenkmal Roca del Corb ist ein stark erodiertes Gebirge aus Konglomeratstein/Nagelfluh, das hinter riesigen Kalkwänden versteckt liegt. Auf den vielen bizarren Zinnen und Türmchen thronen hübsche Kapellen. Wie hingetupft hängen kleine Gebäude am Fels, Schäferhütten sind in Höhlen gebaut. Es gibt überall etwas zu entdecken, was die Tour für Kinder interessant macht. Sie können beliebig abkürzen oder verlängern. Viele der hier beschriebenen Aufstiege auf Aussichtpunkte und zu Kapellen sind optional. Eine spannende Tour auch für kleine Entdecker und Kraxler.

Start/Ziel: Restaurant Can Boix De Peramola, N 42°04.265' E 001°16.535'
14,7 km
4 Std. 20 Min.
917 m/917 m
570-1.068 m
Steinmännchen
Hotel/Restaurant Can Boix De Peramola (km 0 und km 14,7), Brunnen (km 14)
Es gibt keine Bänke, aber Sie können auf großen Steinen an den Aussichtspunkten und Zwischenzielen rasten.
Die Tour ist für Kinder sehr spannend und abwechslungsreich. Wer die Aufstiege auf die Zinnen und Massive macht, muss jedoch aufpassen, dass die Kinder den Abgründen nicht zu nahe kommen.
Für Hunde ist der Weg aufgrund der Steilheit und Ausgesetztheit nur bedingt geeignet, bei den Aufstiegen auf die Zinnen und Massive sollten Sie an den Abgründen gut auf Ihren Hund aufpassen. Sie können aber die in der Tour beschriebenen Abstecher zu Aussichtspunkten auslassen.
P Parkplatz am Restaurant Can Boix De Peramola oder im Ort Peramola
keine Anreise mit Bus oder Bahn möglich

Die Tour startet am Restaurant Can Boix De Peramola, etwas außerhalb von Peramola.

Can Boix De Peramola, Can Boix, s/n, 25790 Peramola, +34-973 47 02 66, www.canboix.cat, kein Ruhetag, warme Küche 13:30-15:30 und 20:30-22:30

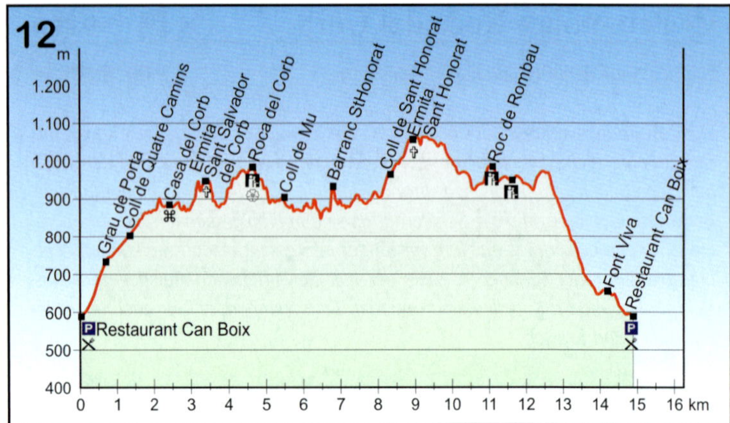

Von dort aus folgen Sie dem guten Weg in den dichten, kühlen Wald. An der ersten Gabelung halten Sie sich links und gehen parallel zum Waldrand gen Westen leicht bergan. Sie erreichen die Anhöhe Grau de Porta steigen allerdings weiter auf bis zur Kreuzung Quatre Camins bzw. dem Coll de Quatre Camins, wie die Stelle auch genannt wird. Sie befinden sich nun zwischen der Roca de Cogul im Süden und der Roca del Corb im Norden. Hier gehen Sie nach rechts, dem Wegweiser zur Roca del Corb folgend. Bald stoßen Sie auf ein Schild, das uns auf die Höhle Forat del Corb (auch Avenc de la Roca de Corb oder Forat de Nerola genannt) hinweist, die sich linker Hand zwischen den Bäumen versteckt. Sie ist 54 m tief und insgesamt 90 m lang. Es ist aber nicht ratsam, sie im Rahmen dieser Tour zu erforschen, weil man sich dazu vertikal abseilen muss.

An der nächsten Weggabelung halten Sie sich links, um zur Casa del Corb am Fuße der Felsnadel Agulla del Corb zu gehen.

⌘ In eine Höhle schmiegt sich ein Häuschen aus derselben Farbe wie der Fels. Im 20. Jahrhundert soll es bewohnt gewesen sein.

Sie gehen zurück zur Weggabelung und nehmen diesmal den anderen Weg, vorbei an der Höhle Bauma Corral, in der sich ebenfalls Reste eines Gebäudes oder Unterstandes befinden. Der Hauptweg führt weiter durch ein Wäldchen und steigt dann sanft an. An einer Stelle wurde eine Metallkette angebracht, an der

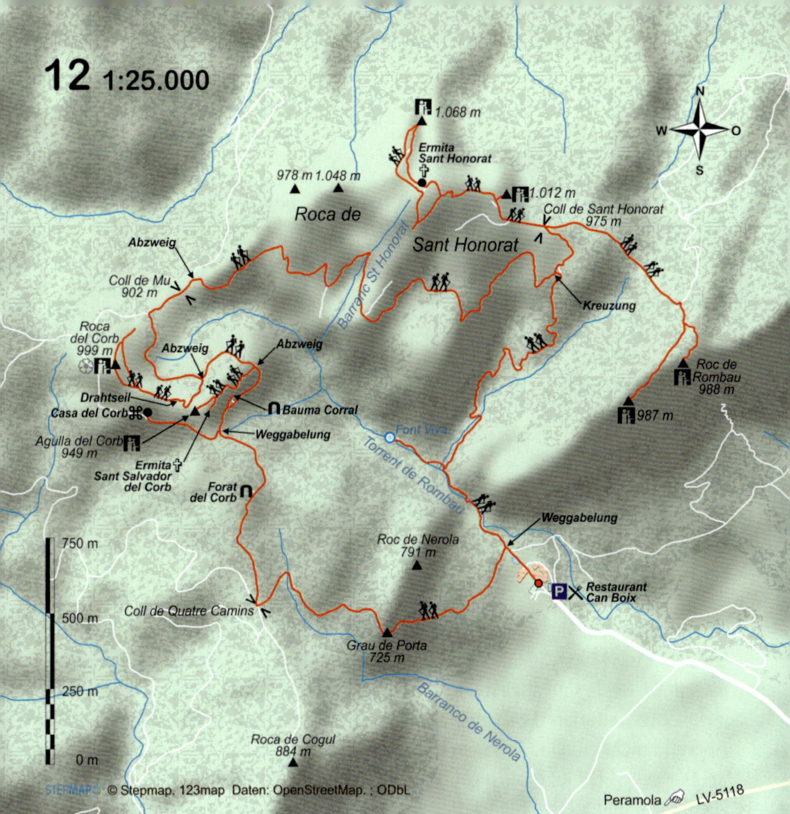

Sie sich festhalten können, wenn der Steinboden nach Regen rutschig ist. Bei trockenem Boden benötigen Sie diese aber nicht. Es geht ein wenig bergauf und Sie erreichen eine Art breites Felsband, auf dem Sie bequem gehen, jedoch in die tiefen Abgründe am Rande des Bandes blicken können. Gegenüber liegt nun das Felsmassiv Roca de Sant Honorat, das von der Roca de Corb (dem „Krähenfels") durch den Pass Coll de Mu getrennt ist.

Der Coll de Mu findet sich in manchen Karten als Coll de Mur, was allerdings ein Fehler ist: Der uralte Name Mu bezeichnet eine medizinische Pflanze. „Mur" hingegen ist das katalanische Wort für Mauer.

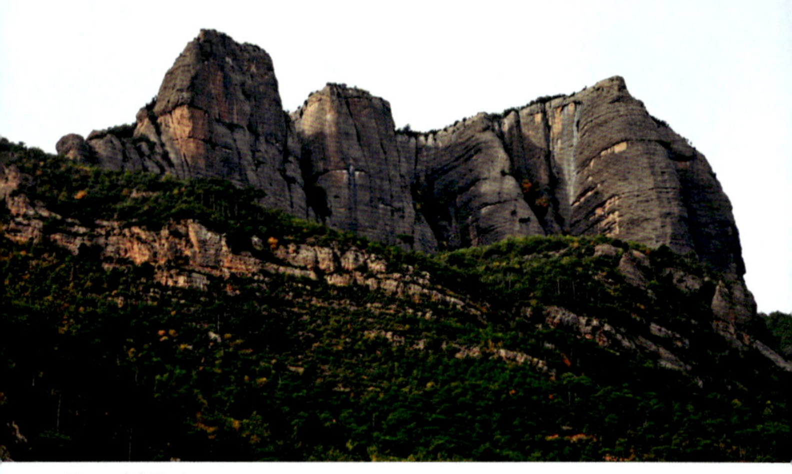

Roca del Corb

Bevor Sie allerdings die Umrundung der Roca del Corb beenden und zum Sant Honorat Massiv hinüberwechseln, machen Sie noch zwei weitere Abstecher nach links. Beide sind auch mit Kindern machbar und sogar spannend. Sie müssen aber oben auf den Felsnadeln und Hochplateaus aufpassen, dass sie dem Abgrund nicht zu nahe kommen (✋).

Der erste Pfad führt Sie hinauf zum Aussichtspunkt auf der Felsnadel Agulla del Corb und zu den Ruinen der ✝ Ermita Sant Salvador de Corb, der kleinsten romanischen Kapelle Kataloniens. Angeblich soll eine Viper die Kapelle vor Räubern geschützt haben. Dann laufen Sie den Pfad wieder zurück.

Der nächste Abzweig führt über einen steilen Pfad, der an einer Stelle mit Drahtseil gesichert ist, hinauf auf das Massiv der Roca del Corb. Von hier aus überblicken Sie die wildromantische Urlandschaft der karstig-porösen Felsfinger, Zinnen und Nadeln, die mal brüderlich aneinander gelehnt, mal aufgereiht wie Orgelpfeifen dastehen. Kletterwege führen mancherorts durchs senkrechte Gestein.

Nun kehren Sie zurück zum Hauptweg und folgen diesem zum Coll de Mu. An der nächsten Weggabelung halten Sie sich rechts und gehen nach Osten. Ein Pfad führt Sie nach rechts in südliche Richtung auf einen Aussichtspunkt und wieder zurück. Weiter geht es bis zum Barranc Sant Honorat, den Sie überqueren. Sie ignorieren einen Pfad nach links und erreichen dann eine weitere Kreuzung, an der die Font Viva und somit Ihr Rückweg nach rechts ausgeschildert ist. Vorher machen Sie aber noch die Abstecher zu den Aussichtpunkten auf dem Sant Honorat Massiv, zur Ermita Sant Honorat und zum Felsmassiv Roc de Rombau.

Dazu halten Sie sich an der Gabelung links und gehen zum Coll de Sant Honorat, von dem aus Sie nach links das Hochplateau erreichen. Rechter Hand des Wegs befindet sich ein erster Aussichtspunkt, der spektakuläre Einblicke in die senkrechten Wandfluchten bietet. An der Weggabelung halten Sie sich rechts und folgen der Trittspur zur halb verfallenen ✞ Kapelle Ermita Sant Honorat. Sie gehen rechts daran vorbei und erreichen den Aussichtspunkt am Ende des Hochplateaus, von dem Sie einen Rundumblick von 300° und Sicht bis auf den Stausee von Oliana haben. Sie gehen nun am westlichen Rand des Plateaus zurück, um auch noch Rückblicke auf die Spitzen, Türmchen und Massive um die Roca de Corb zu erhaschen.

Sie kehren schließlich zum Coll de Sant Honorat zurück und gehen dann – statt auf dem bekannten Weg zurück – geradeaus weiter zur Roc de Rombau. Oben angekommen verlassen Sie den Weg und folgen einer Trittspur nach links, um zu einem Aussichtspunkt zu gelangen. Nach den obligatorischen Fotos kehren Sie wieder zum Hauptweg zurück und folgen diesem nach links bis zu dessen Ende im Südwesten des Hochplateaus und zu einem weiteren Aussichtspunkt. Schließlich gehen Sie zurück zur Gabelung am Coll de Sant Honorat und weiter zur Kreuzung, an der Sie zuvor vorbeigekommen sind. Sie folgen nun dem Wegweiser Richtung Font Viva nach Süden. Der Weg führt Sie nun stets bergab durch den Wald, bis Sie 250 Höhenmeter weiter unterhalb an eine weitere Weggabelung kommen. Es empfiehlt sich der Weg von rund 200 m zur Font Viva. Dazu nehmen Sie den Weg nach rechts, gehen bis zur Quelle und wandern dann wieder auf demselben Weg zurück. Dann folgen Sie dem Weg immer weiter bergab bis zum Restaurant Can Boix De Peramola.

✞ In Peramola lohnt sich die Besichtigung der romanische Kirche Sant Miguel sowie der gleichnamigen Kapelle. An der Kirche erinnert ein Schild an den großen Brand von 1714. Während des Schnitterkriegs („Guerra dels Segadors") von 1640-1659, in dem sich die Katalanen gegen die Stationierung kastillischer Truppen wehrten, waren Truppen von Felipe V in Oliana eingeschlossen – unter anderem von katalanischen Widerstandstruppen (den „Miguelets") aus Peramola. Als Felipe V schließlich weitere Truppen schickte, hängten diese aus Rache alle Männer des Dorfes und brannten Peramola ab.

Der historische Waschplatz und die Kapelle del Roser sind ebenfalls sehenswert.

⑬ Santuari del Lord

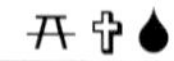

Tour für Naturliebhaber und Kulturinteressierte

Die Wanderung verläuft auf einem wunderschönen Kreuzweg hinauf zu einer Kapelle und zur Kirche Mare de Déu de Lord mit dem heiligen Marienbild aus dem 13. Jahrhundert, die in dominanter Lage über dem Vall de Lord und dem Stausee Pantà de la Llosa del Cavall liegt. Wer den Rundweg über die Kapelle Ermita de Sant Jaume und um das Konglomerat-Massiv Mola de Lord geht, hat spektakuläre Aussichten in alle Richtungen.

Start/Ziel: Parkplatz am Fuße des Pilgerwegs, Collet del Santuari, GPS N 42°07.095' E 001°34.897'

2,3 km

45 Min.

187 m/187 m

1.014-1.192 m

gelbe Markierungen des PR von Sant Llorenç de Morunys

keine Einkehrmöglichkeit am Weg, nur in Sant Llorenç de Morunys, Brunnen am Santuari (km 0,6)

Rastplätze an der Kapelle (km 0,45) und am Santuari (km 0,6)

Sie können nicht am Weg, aber im Stausee Pantà de la Llosa de Cavall baden.

Die Tour ist auch für kleine Kinder gut machbar. Die Stationen des Kreuzwegs können Sie in Spiele einbauen und die historische Transportseilbahn weckt das Interesse der Kinder.

Für Hunde ist der Weg gut geeignet. Sie sollten aber Trinkwasser mitführen.

Parkplatz am Collet del Santuari am Fuße des Pilgerwegs, erreichbar über ein kleines Fahrsträßchen von Sant Llorenç de Morunys

Anreise mit dem Bus nur bis Sant Llorenç de Morunys möglich

Die Tour kann zu einer längeren Rundtour von 12,4 km, mit 595 m An- und Abstieg und einer Dauer von 4 Std. ausgeweitet werden. Sie starten dazu in Sant Llorenç de Morunys, am Parkplatz gegenüber des Tourismusbüros (GPS N 42°08.199' E 001°35.516'). Die Tour verläuft dann über die Font de Sant Semi, die Font de Sant Isidre, dann rund um die Mola de Lord, das Santuari de Lord und zurück über die Anhöhe Tossal de Vall-llonga. Den GPS-Track dazu können Sie sich auf der Internetseite des Verlags (www.conrad-stein-verlag.de) herunterladen.

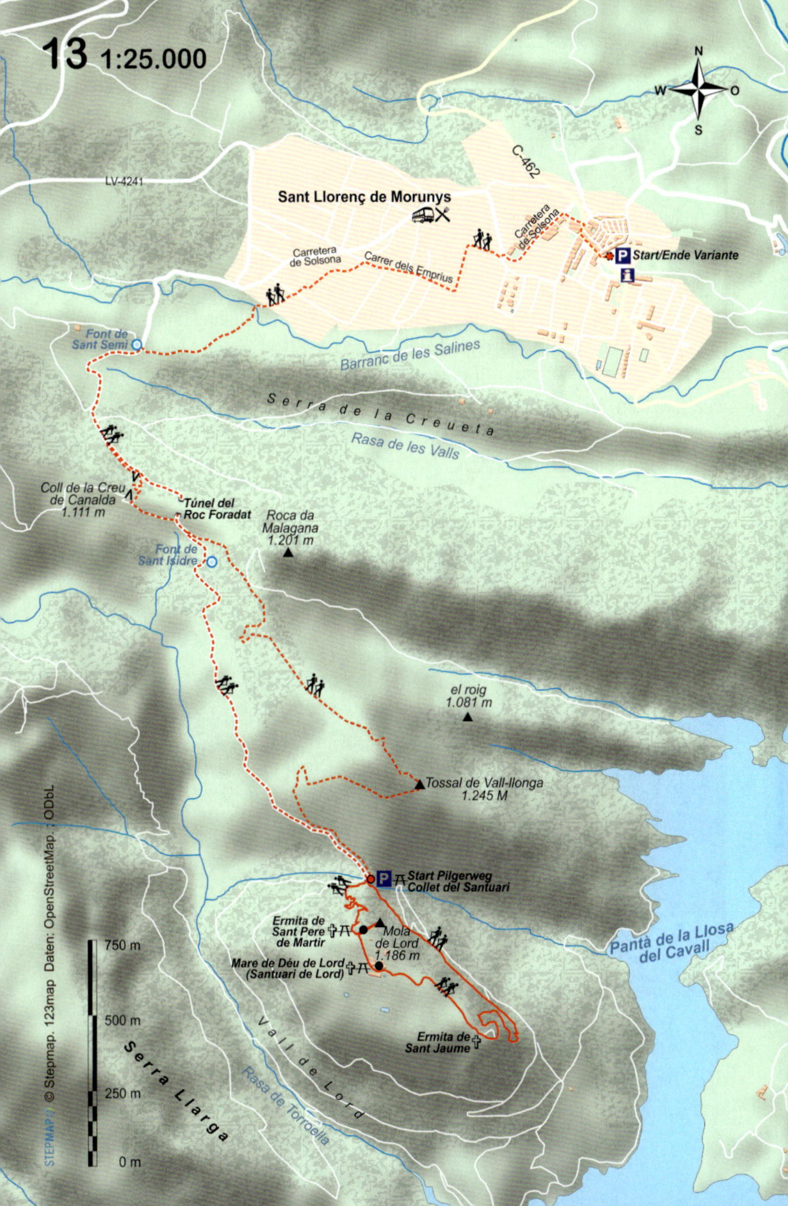

13 1:25.000
N
W
O
S
LV-4241
C-462
Sant Llorenç de Morunys
Carretera de Solsona
Carrer dels Emprius
Carretera de Solsona
Start/Ende Variante
Font de Sant Semi
Barranc de les Salines
Serra de la Creueta
Rasa de les Valls
Coll de la Creu de Canalda 1.111 m
Túnel del Roc Foradat
Roca da Malagana 1.201 m
Font de Sant Isidre
el roig 1.081 m
Tossal de Vall-llonga 1.245 M
Start Pilgerweg Collet del Santuari
Ermita de Sant Pere de Martir
Mola de Lord 1.186 m
Mare de Déu de Lord (Santuari de Lord)
Pantà de la Llosa del Cavall
Ermita de Sant Jaume
Vall de Lord
Rasa de Torroella
Serra Llarga
750 m
500 m
250 m
0 m
STEPMAP © Stepmap. 123map Daten: OpenStreetMap, ODbL

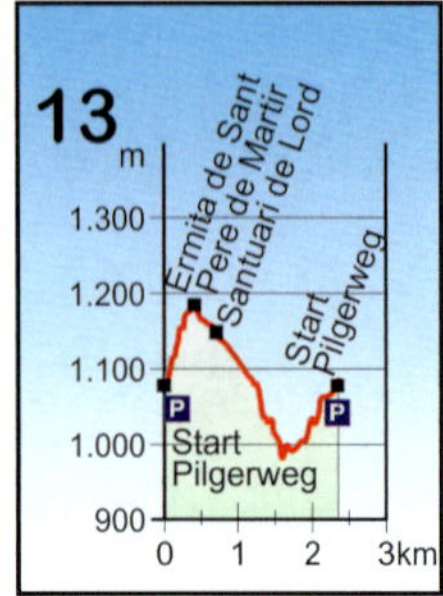

Direkt am Parkplatz startet der uralte, einst mit Steinen gepflasterte Pilgerweg, der in den letzten Jahren neu hergerichtet wurde (wahrscheinlich mit dem Anspruch, barrierefrei zu sein – für einen Rollstuhl ist die Rampe allerdings zu steil). Es geht an den Stationen des Kreuzwegs vorbei steil hinauf bis zur ✝ Kapelle Ermita de Sant Pere de Màrtir, die ausgesetzt auf einem Felsplateau über das Vall de Lord wacht. Eine alte Transportseilbahn kommt hier an. Ein Gipfelkreuz markiert 80 m weiter die höchste Stelle des Massivs. Die wenigen Minuten bis zu diesem wunderbaren Aussichtspunkt sind die Mühe wert.

Sie folgen dem gepflasterten Weg nach Süden bis zur ✝ Kirche Mare de Déu de Lord und Santuari de Lord.

Am Gipfelkreuz Mola de Lord

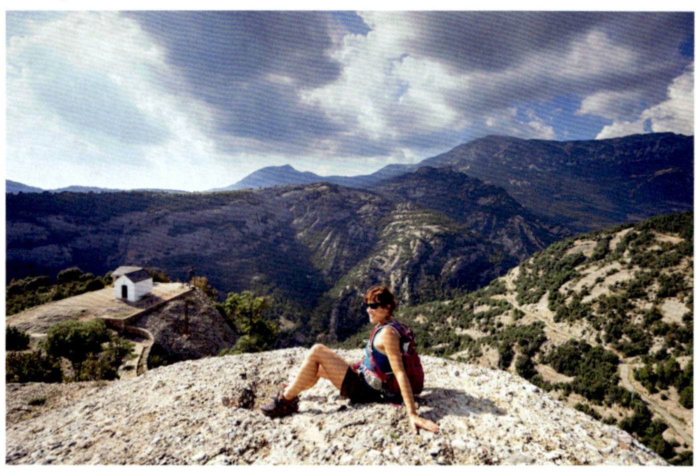

✝ Die Kirche Mare de Déu de Lord, Teil des Santuari de Lord, ist ein wichtiger Pilgerort Kataloniens. Sie fiel im 19. Jahrhundert einem Brand zum Opfer und wurde um die Jahrhundertwende zum 20. Jahrhundert wieder aufgebaut.

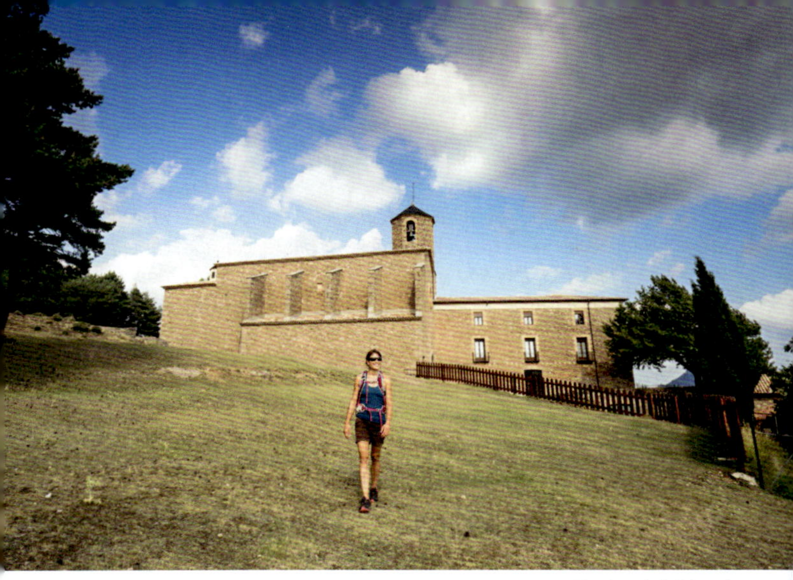

Santuari del Lord

Eine wunderschöne, gepflegte Wiese mit großen, schattenspendenden Bäumen und ⛼ Bänken lädt zum Verweilen ein.

Hinter dem Santuari führt ein ausgeschilderter Weg durch die Gartenterrassen nach Osten. Nach Süden führt er dann in steilen Serpentinen bis hinab zum Fuß der steilen Felswände, wo Sie das Konglomeratgestein aus der Nähe betrachten können.

Sie erkennen Kieselsteine, die vor etwa 25 Millionen Jahren von Flüssen hier am Rande der damaligen Ebro-Senke angeschwemmt wurden und dann wie mit einer Art Zement verbackten. Zwischen dem Coll de Comiols bei der Serra de Montsec bis zum Landkreis Berguedà erstreckt sich ein Band von Gebirgen aus diesem Material.

Sie folgen nun dem Fuß der Felswände nach Nordosten und treffen dann auf einen Fahrweg, dem Sie bis zum Parkplatz folgen.

14 Cingles de Busa

Tour für Naturliebhaber, Kultur- und Geschichtsinteressierte

Die Tour auf die Cingles de Busa ist weitestgehend unbekannt, obwohl sie alle Komponenten einer perfekten Wanderung vereint – ein abwechslungsreicher Weg, ein interessantes Ziel und spektakuläre Aussichten. Sie führt auf ein Hochplateau, das scheinbar unzugänglich ist und rundum von steilen Konglomerat-Felswänden, den Cingles de Busa, umgeben ist. Zahlreiche Höhepunkte säumen den Weg, z. B. die romanische Kirche Sant Pere de Graudescales und die Felsnadel Presó de Busa. Diese eröffnet fantastische Aussichten auf die Täler Vall d'Ora (auch Valldora geschrieben) und Vall de Lord, den Ort Sant Llorenç de Morunys und den Stausee Pantà de la Llosa del Cavall und diente während des Spanischen Unabhängigkeitskriegs von 1807 bis 1814 tatsächlich als Gefängnis.

Start/Ziel: Parkplatz Ökomuseum, GPS N 42°05.134' E 001°40.482'

19,3 km

6 Std.

780 m/780 m

744-1.380 m

Markierungen des Weg Nr. 1, Steinmännchen, gelbe Markierungen des PR von Sant Llorenç de Morunys

Einkehrmöglichkeit Masia El Pujol (km 0,5), Quelle Font dels Requerets (km 2,4), Brunnen in der Nähe von Sant Cristofol de Busa (km 11), Quelle beim Abstieg zwischen Sant Lleïr und Sant Pere de Graudescales (km 17,4)

Bank vor der Masia El Pujol (km 0,5). Keine Bänke, aber Rastplätze an den Kapellen bzw. Feldkirchen Santa Cecilia (km 0,4), Sant Cristofol de Busa (km 11,3), Sant Pere de Graudescales (km 16,5) und Sant Lleír (km 19,0), wo Sie jeweils bequem auf den Eingangsstufen sitzen können. Steine zum Rasten an den vielen Aussichtspunkten.

Sie können im nahegelegenen Stausee Pantà de la Llosa de Cavall baden.

Die Tour ist nur für wandererfahrene und trittsichere Kinder machbar. Für diese ist sie aber sehr spannend.

Für Hunde ist der Weg nicht geeignet, da er über eine Leiter führt.

P Parkplatz am Ökomuseum (Ecomuseu de la Vall d'Ora). Sie erreichen dieses zunächst über die C-26 (Berga - Solsona), die Sie zwischen km 119 und km 120 auf eine kleine Straße verlassen. Diese folgt dem Lauf des Riu Aigua d'Ora bis zum Parkplatz zwischen dem Museum und der Kapelle Sant Lleïr.

keine Anreise mit Bus oder Bahn möglich

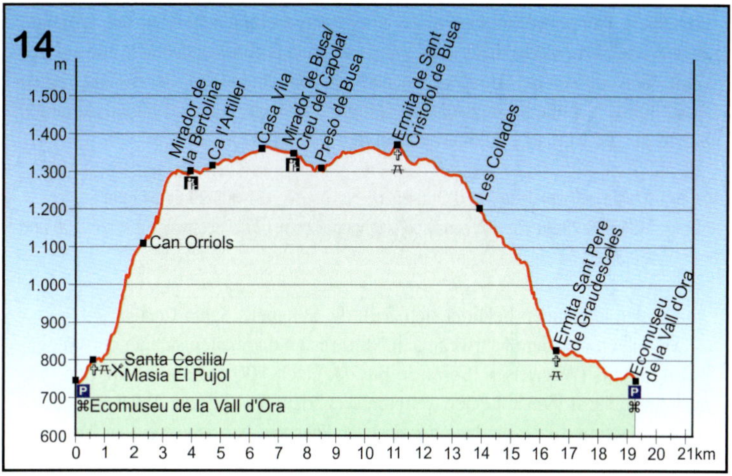

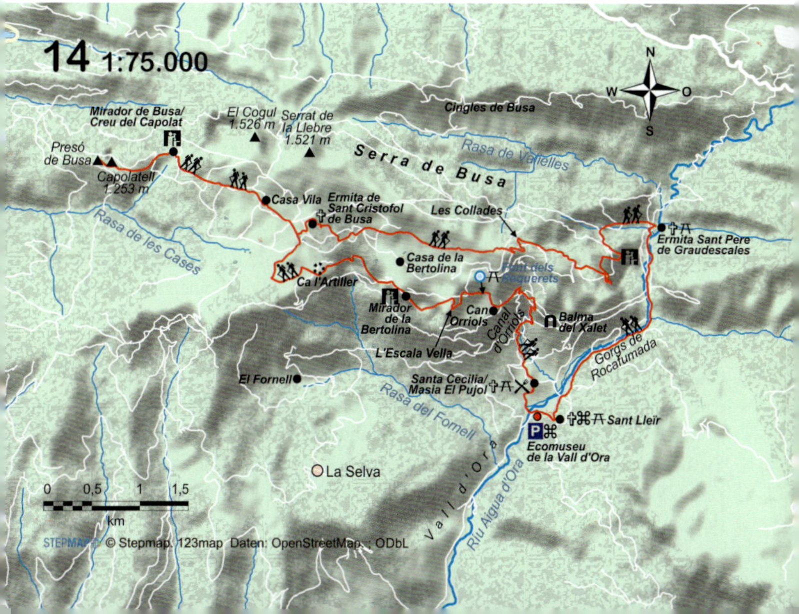

Die Tour startet am Ökomuseum, Ecomuseu de la Vall d'Ora. Sie überqueren die mittelalterliche Brücke, nach der Sie einem Weg nach Norden an einer Mühle und einem Tümpel vorbei folgen. An einer Weggabelung halten Sie sich links und an der nächsten wieder links (der Weg nach rechts führt ersichtlich nur auf das Feld). Sie verlassen den Hauptweg nach rechts auf einen Pfad, der Sie über einen Acker führt. Nachdem Sie zwei unbefestigte Fahrwege gekreuzt haben, kommen Sie an der ✕ Masia El Pujol vorbei, in der Sie einkehren können.

✕ Masia el Pujol de la Vall d'Ora, 25286 Navès, ☏ +34-608 99 81 64 oder +34-973 29 90 45, ✉ masiapujol@hotmail.com, üblicherweise 13:00-16:00 und 20:30-22:00

Bei den Gebäuden befindet sich auch die ✝ Kapelle Santa Cecilia.

Sie folgen nun dem Fahrweg nach Nordwesten und halten sich an der Weggabelung rechts (Wegweiser „Serra de Busa"). Nach 100 m nehmen Sie den Pfad nach links. Sie stoßen auf einen weiteren Weg, dem Sie über die Absperrung nach rechts folgen und den Sie dann wieder nach links gen Norden verlassen (Wegweiser „Serra de Busa").

Steil geht es nun nach links durch die Rinne Canal d'Orriols.

Ein Wegweiser weist auf den 10 Min. langen Abstecher (es gibt eine ausgesetzte Stelle am Drahtseil!) zur ⌘ Höhle Balma del Xalet hin, wo sich im Spanischen Bürgerkrieg von 1936 bis 1939 Anhänger Francos und Desertierte aus der republikanischen Armee vor den republikanischen Truppen versteckten. In dem Unterschlupf erklärt ein Informationsschild die Geschichte der sogenannten Emboscats, der „In-den-Wald-Vertriebenen".

Sie stoßen wieder auf einen breiteren Weg, dem Sie nach Westen folgen und den Sie nach einem Gebäude (Can Orriols) nach rechts auf einen Pfad verlassen. An der nächsten Weggabelung folgen Sie dem Wegweiser Richtung Serra de Busa nach links. Sie passieren eine Quelle, die Font dels Requerets, an der Sie auch eine Sitzbank vorfinden, und erreichen nach einem Knick nach links den Fuß einer Steilwand. Den Grau dels Orriols („grau" werden die natürlichen Durchlässe in steilen Felswänden genannt) überwinden Sie mittels einer 6 m hohen Leiter, Escala de Busa oder L'Escala Vella genannt. Nach Überwinden des Steilstücks gehen Sie rund 300 m nach Westen und erreichen den Aussichtspunkt Mirador de la Bartolina.

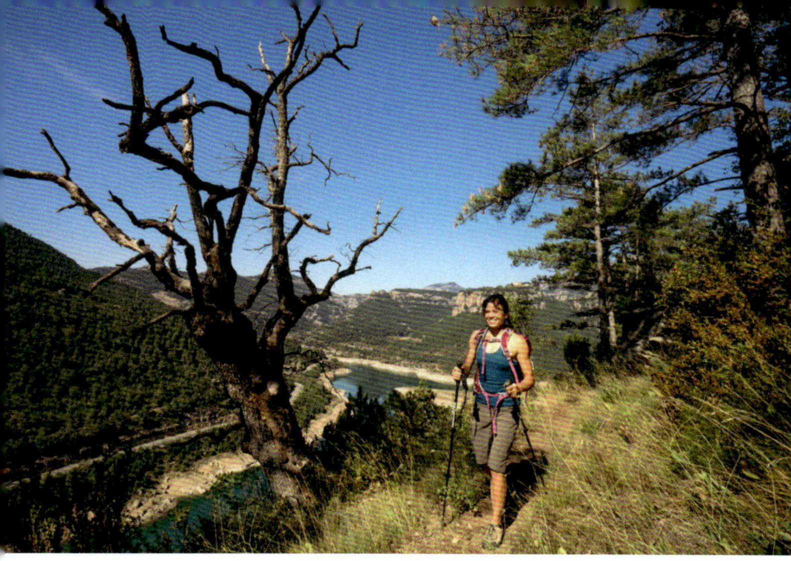

Blick auf Pantà de la Llosa del Cavall beim Aufstieg

Am Mirador de la Bartolina, an dem eine katalanische Fahne im Wind weht und eine Übersichtstafel die Namen der Gipfel preisgibt, haben Sie sich eine erste Pause verdient – zumindest um die Kamera zu zücken und den Blick auf das Massiv des Cadí (☞ Tour 30) und die Doppelspitze des Pedraforca einzufangen.

Sie folgen dann der Klippe entweder auf einem Pfad direkt am Abgrund oder auf einem Weg einige Meter versetzt. Inmitten von Wiesen liegt rechter Hand die Casa de la Bartolina, eine Casa Rural, in der Sie auch übernachten können. Nach den Ruinen des Ca l'Artiller, einem Waffenlager der napoleonischen Truppen aus dem Spanischen Unabhängigkeitskrieg, halten Sie sich an der Weggabelung nun links, biegen dann nach rechts ab und gehen über eine Wegkreuzung hinaus (Wegweiser „Casa Vila, El Capolatell"). Nun kommen Sie an eine Weggabelung, zu der Sie später auf dem Rückweg zurückkehren werden. Hier nehmen Sie den Weg nach links, statt nach rechts zur Ermita Sant Cristofol de Busa zu wandern.

↳ Benötigen Sie an dieser Stelle Wasser, dann nehmen Sie den nächsten Pfad nach links und erreichen eine gefasste 💧 Quelle. Dann gehen Sie zurück.

Sie wandern weiter bis zur Casa Vila. Ab jetzt geht es stetig bergauf in Richtung Nordwest, dem Fahrweg in Richtung Capolatell folgend, der später in einen Pfad übergeht.

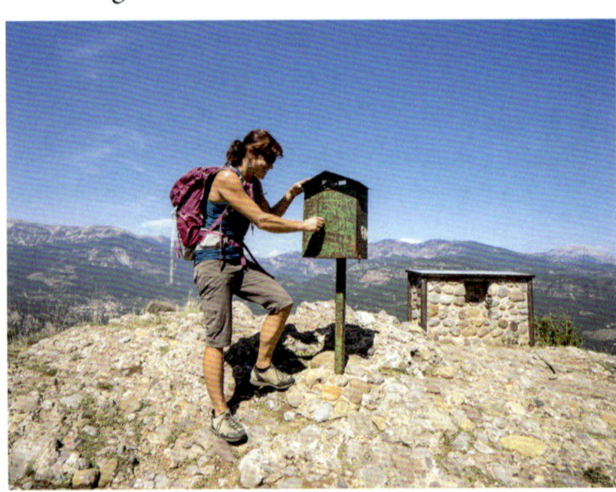

Gipfelbuch auf den Cingles

Am fantastischen Aussichtspunkt Mirador de Busa, auch Creu del Capolat genannt, finden Sie ein Gipfelbuch, in das Sie sich eintragen können, und eine auf Kacheln gemalte Übersicht über die umliegenden Gipfel. Sie blicken direkt hinab auf den Ort Sant Llorenç de Morunys, den Stausee La Llosa del Cavall, auf den Port del Comte, wo sich ein bekanntes Skigebiet befindet, und bis zum Santuari del Lord (☞ Tour 13).

Sie folgen dem Weg weiter in Richtung Westen zum Gipfel Capolatell. Von hier aus trennt Sie ein Katzensprung bzw. eine 8 m lange Metallbrücke von der Felsnadel Capolatell, auch Presó de Busa (auf Deutsch „das Gefängnis von Busa") genannt.

Während des napoleonischen Feldzugs auf der iberischen Halbinsel, dem Spanischer Unabhängigkeitskrieg (1808-1814), diente die freistehende Felsnadel, deren senkrechte Wände ein Entkommen unmöglich machten, als Kriegsgefängnis. Man setzte die gefangenen napoleonischen Soldaten dort aus und zog dann die Brücke ein, mit der der Abgrund zwischen der Felsnadel und dem Felsmassiv Capolatell überwunden werden konnte. Eine Legende besagt, dass sich manche französische Soldaten in den Abgrund stürzten und dabei riefen: „In Busa sterben und in Paris wiederauferstehen." Zuvor war die nahezu unerreichbare und rundum von steilen Felswänden abgeschottete Hochebene auf der Serra de Busa ein Übungsgelände für die Truppen Napoleons gewesen. Im Spanischen Bürgerkrieg (1936-1939) wiederum versteckten sich hier die Bewohner der Region. Heute erreichen Sie das Gefängnis von Busa bequem (zumindest wenn Sie schwindelfrei sind) über eine Metallbrücke.

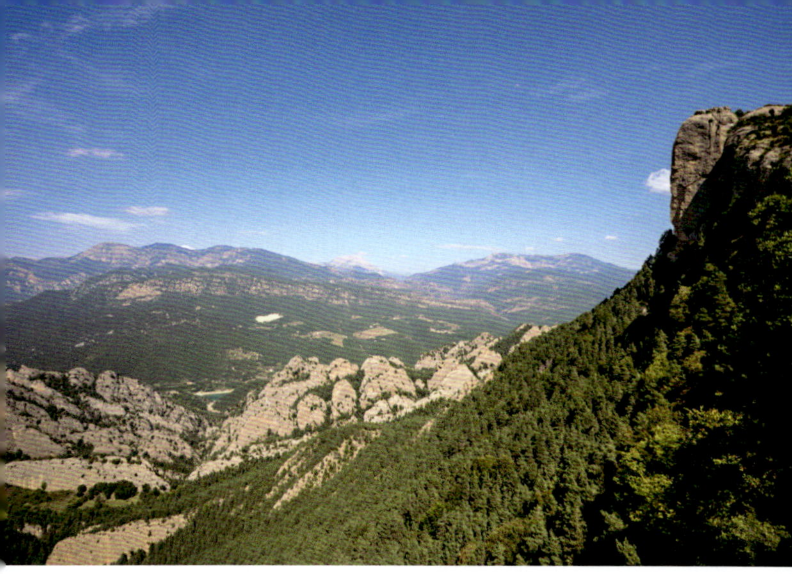

Blick vom Presó de Busa

Sie kehren, nachdem Sie die Aussicht in die Abgründe um die Felsnadel genossen haben, auf demselben Weg zurück. Vielleicht fällt Ihnen eine Teufels-Markierung auf. Dies ist der Eingang zu einer 115 m tiefen und 420 m langen Höhle.

Wieder zurück am Mirador de Busa nehmen Sie denselben Weg, auf dem Sie gekommen sind, zurück.

↳ Sie gehen entlang des Kliffs, bis Sie an dessen Ende auf einen breiten Wanderweg stoßen, dem Sie nach links gen Norden folgen. Bei dieser Variante genießen Sie die Tiefblicke in den Abgrund am Gipfel El Cogul und an der Felsnase Serrat de la Llebre.

Sie gehen zurück zur Casa Vila und zweigen an der Weggabelung etwa 0,5 km hinter dem Gebäude links ab in Richtung der ✞ Kapelle Sant Cristofol de Busa. An der Kapelle aus dem 12. Jahrhundert folgen Sie nun einem Trampelpfad nach Südosten durch ein Wäldchen. Sie treffen auf einen breiteren Weg und folgen diesem nach links. An der nächsten Weggabelung halten Sie sich ebenfalls links und verlassen das Wäldchen wieder. An der nächsten Weggabelung gehen Sie rechts und queren oberhalb eines Hofes die Wiese. Der Bewuchs – zunächst von Büschen, dann von Bäumen – wird wieder dichter, bis Sie schließlich durch einen lichten Wald bergan gehen. An der Wegkreuzung Les Collades gehen Sie nach rechts und dann nach etwa 1,2 km nach links auf einen Pfad nach Norden. Sie kommen nun an eine Weggabelung, an der Sie nach Nordosten auf einen Pfad abbiegen. Dieser führt Sie wieder zu einer aussichtsreichen Felswand und schließlich hinab zur ✞ Sant Pere de Graudescales.

✞ Die Kirche Sant Pere de Graudescales ist eine romanische Kirche aus dem 11. Jahrhundert im Tal Vall d'Ora (auch in der Schreibweise Valldora zu finden). Um die einsam gelegene Kirche herum befand sich einst ein Benediktinerkloster, das bis auf das Jahr 913 zurückdatiert wird. Um das Jahr 1680 verfiel das Kloster.

Die Kirche, die im Gemeindebezirk Navès liegt, wurde in den 1960er-Jahren restauriert und ist heute in der Liste des nationalen Kulturerbes zu finden.

Sie gehen weiter bis zum Ufer des L'Aigua d'Ora und überqueren diesen (alternativ können Sie auch diesseits des Flusses gehen). Ab jetzt folgen Sie immer dem Flusslauf durch die Schlucht Gorgs de Rocafumada nach Süden. Beim Verlassen des Waldes ignorieren Sie einen Abzweig nach rechts und gehen entlang des Feldes weiter nach Süden. Erst an der nächsten Weggabelung bei einigen Gebäuden nehmen Sie den Weg nach rechts in westliche Richtung und passieren kurz darauf die ✞ Kapelle Sant Lleïr.

⌘ Ein Denkmal erinnert an den Besuch des Grafen Guifré el Pilós, auf Deutsch Wilfried I. von Barcelona oder Wilfried der Haarige, Graf von Urgell und Cerdanya. Die vier Streifen auf der katalanischen Flagge rühren der Legende nach daher, dass Karl der Kahle die Finger in die Wunden des verletzten Wilfried tauchte und mit dessen Blut Streifen auf ein Schild zog – angeblich geschah dies sogar hier an der Kapelle.

Kurz darauf erreichen Sie den Parkplatz am Ausgangspunkt.

Pyrenäen I: Vall Fosca und Parc Nacional d'Aigüestortes i Estany de Sant Maurici

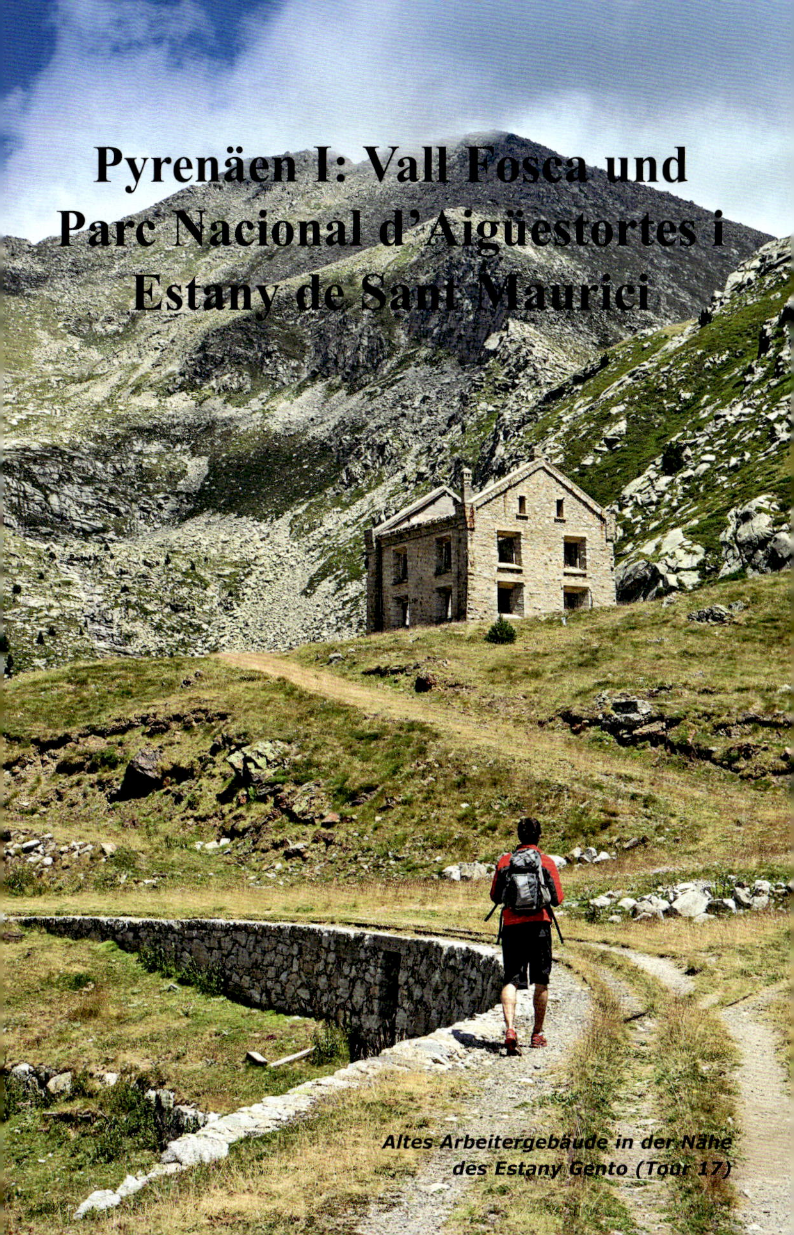

Altes Arbeitergebäude in der Nähe des Estany Gento (Tour 17)

⑮ Estany de Montcortès

Tour für Naturliebhaber

Das Hochtal Pla de Corts ist weitgehend unbekannt. Den winzigen, nahezu verlassenen Weilern, Klöstern, Kapellen und Burgen stattet kaum jemand einen Besuch ab. Als Badesee etwas bekannter ist der Estany de Montcortès, der einzige Karstsee der Region. Auf dieser Tour haben Sie zahlreiche Möglichkeiten, zum See abzusteigen und sich im kühlen Wasser zu erfrischen. Die Tour ist übrigens auch mit einem Kinderwagen auf den – auf der Westseite des Sees unbefestigten – Fahrsträßchen machbar. Der See ist im Frühjahr und Herbst ein beliebtes Zwischenziel für Zugvögel.

Start/Ziel: Parkplatz am Badesee Estany de Montcortès,
GPS N 42°19.656' E 000°59.655'

4,8 km

1 Std. 20 Min.

156 m/156 m

987-1.133 m

keine Markierungen

keine Einkehrmöglichkeit

Es gibt keine Bänke, aber Sie können auf der Wiese überall rund um den See rasten.

Keine Bademöglichkeiten direkt am Weg, aber Sie können an vielen Stellen an der Nord-, Ost- und Südseite des Sees, z. B. am Start-/Zielpunkt, einen Abstecher zum Wasser machen.

Die Tour ist für Kinder spannend durch die Nähe zum Wasser.

Für Hunde ist der Weg ideal. Im See können sie baden.

P Parkplatz am Südende des Sees, den Sie über ein asphaltiertes Sträßchen von La Pobleta de Bellveí oder von der anderen Seite von Peramea aus erreichen

Anreise mit Bus oder Bahn nicht möglich, die nächste Bushaltestelle befindet sich in Senterada (www.alsa.es).

Diese Tour ist auch für Buggys geeignet.

Es gibt auch eine kürzere Variante dieser Tour (diese ist nur 2,3 km lang), die auf einem Wiesenweg um den See führt. Einen GPS-Track zu dieser Variante können Sie sich auf der Internetseite des Verlags (www.conrad-stein-verlag.de) herunterladen.

Sie starten am Parkplatz am Südenede des Badesees.

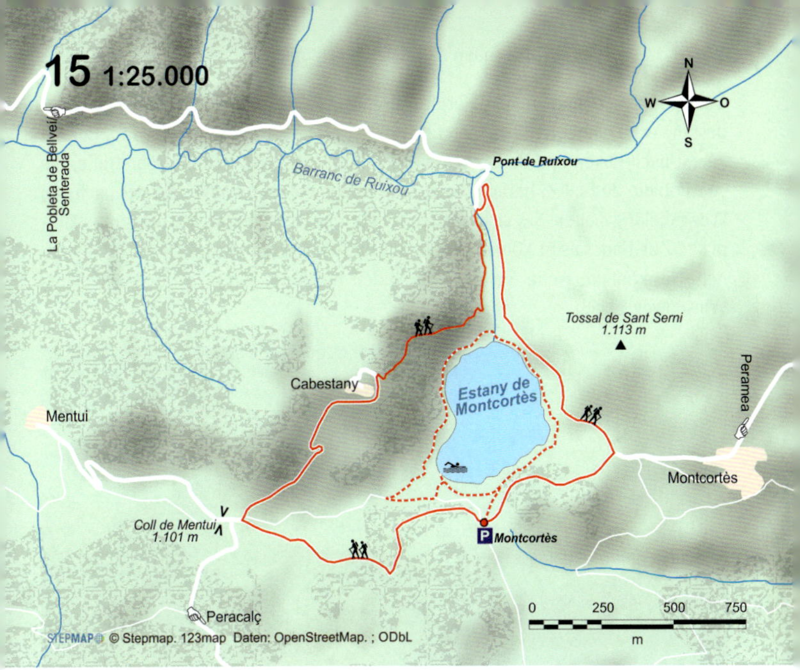

15 1:25.000

Vom Parkplatz aus können Sie sich direkt zum Ufer des Sees begeben, um ein erstes Bad im Estany de Montcortés zu nehmen.

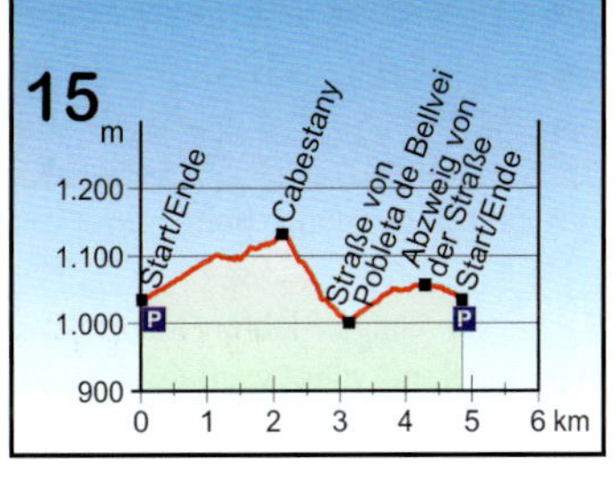

Für die kürzere Variante folgen Sie vom Ufer aus nun den Wiesenwegen rund um den Estany de Montcortès. Falls Sie mit einem Kinderwagen unterwegs sind, ist es aber eventuell angenehmer, das asphaltierte Sträßchen bzw. die Forstwege zu nehmen, die etwas oberhalb des Sees verlaufen.

Vom Parkplart aus nehmen Sie das asphaltierte Sträßchen, das etwas oberhalb des Sees verläuft. Sie folgen diesem nach Westen. An einer Kreuzung biegen Sie scharf rechts ab nach Nordosten und erreichen so den Vier-Einwohner-Weiler

Cabestany (der in manchen Karten fälschlicherweise als Capestany oder Capdestany verzeichnet ist). Am Ostende des Weilers nehmen Sie einen Pfad, der Sie zuerst nach Osten und dann nach Norden führt. Sie erreichen die Fahrstraße, die von Pobleta de Bellvei heraufkommt, und folgen ihr nach rechts. An der nächsten Weggabelung halten Sie sich wieder rechts und kommen so zurück zum Parkplatz. Zur Badesaison können Ihnen auf diesem letzten Wegstück Autos begegnen. Sie können, wenn Sie dies vermeiden möchten, direkt am See auf einem Wiesenweg gehen.

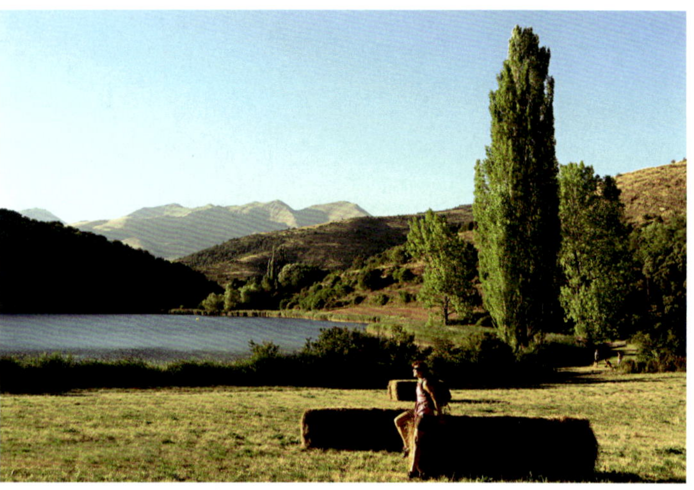

Am Estany de Montcortès

☺ Vor einigen Jahren taten sich einige Besitzer von kleinen, nachhaltigen Unterkünften – diese werden „Casa Rural" genannt – zusammen und markierten eine 5-tägige Rundtour von insgesamt 100 km. Die Tour verbindet nun verschlafene Weiler, Dolmen, Einsiedlerkapellen, Kirchen, romanische Klöster und den Estany de Montcortès. Die Besitzer haben dazu auch einen Führer herausgegeben, den Sie über die Homepage kaufen können, und führen persönlich in die Schäfertraditionen und Siedlungsgeschichte ein. Die Tour, die von Unterkunft zu Unterkunft führt, können Sie als Paket buchen: 💻 www.elcinquellac.com, ☎ +34-973 68 15 18.

16 Montsent del Pallars

Tour für Naturliebhaber

Dies ist eine Tour auf einen Fast-Dreitausender für nicht ganz so Trainierte. Der prägnante Buckel des Montsent erhebt sich genau zwischen den beiden Tälern Vall d'Àssua und Vall Fosca und zwischen den Landkreisen Pallars Jussà und Pallars Sobirà 2.882 m hoch. Die beiden Täler bzw. die beiden Orte Llessui und Espui verbindet eine Schotterstraße, die es Ihnen erlaubt, die Besteigung auf über 2.000 m Höhe zu starten – und so können auch nicht ganz so ausdauerstarke Wanderer oder gar Kinder den Montsent besteigen.

Start/Ziel: Parkplatz am Coll de Triador, GPS N 42°27.889' E 001°01.068'

12,5 km

4 Std.

850 m/850 m

2.080-2.882 m

Steinmännchen

keine Einkehrmöglichkeit oder Brunnen

Es gibt keine Bänke, aber eine Rast bietet sich auf dem Gipfel (km 3,3) an.

Die Tour ist nur für ältere, wandererfahrene Kinder machbar, bietet für diese aber ein tolles Gipfelerlebnis.

Für Hunde ist der Weg geeignet. Auf dem Abschnitt vor dem Gipfel sollte Ihr Hund aber in der Lage sein, steil und über große Steine anzusteigen.

P Parkplatz am Coll de Triador, diesen erreichen Sie über einen langen Schotterweg von Espui kommend oder aus dem Vall d'Àssua und Llessui ebenfalls über eine Schotterstraße. Beide sind nach Regenfällen oder nach dem Schneetau im Frühjahr eventuell nur mit Vierradantrieb bzw. mit einem hochgebauten Vehikel befahrbar.

keine Anreise mit Bus oder Bahn möglich

Der lange Rücken des Montsent del Pallars markiert den Übergang zwischen dem Vall Fosca und dem Vall d'Àssua sowie zwischen den Orten Espui und Llessui. Vom Parkplatz aus haben Sie eine fantastische Sicht auf beide Täler und sehen am Ende des langen, grasbewachsenen Bergrückens bereits den Gipfel des Montsent mit seinem scheinbar unüberwindbaren Felssockel.

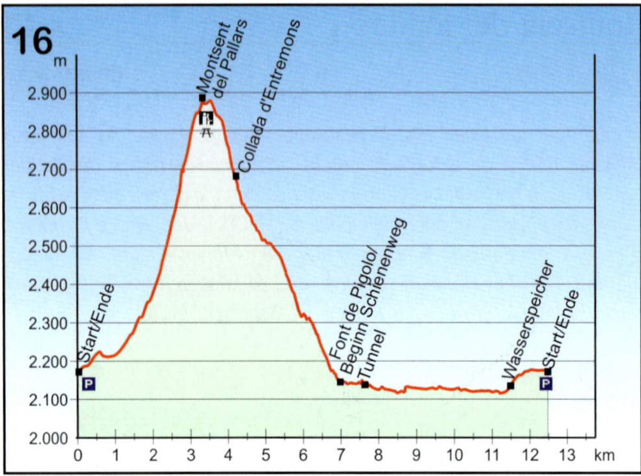

Sie können die Tour alternativ vom Stausee Embassament/Pantà de Sallente oder vom Ort Cabdella aus starten. Sie ersparen sich dann die holperige Fahrt, müssen aber einige Hundert Höhenmeter mehr aufsteigen. Auch möglich ist die Fahrt mit der Seilbahn vom Stausee Sallente aus.

 verkehrt vom 1. Juli bis 30. September stündlich bis zum Estany Gento und umgekehrt, Hinfahrt 9:00-15:00, Rückfahrt 13:00-18:00. Mögliche Änderungen der Fahrzeiten der Seilbahn entnehmen Sie der Homepage des Vall Fosca:
http://www.vallfosca.net/en/things-to-do-and-see/cablecar/.

Von der Bergstation folgen Sie dann dem Schienenweg, Camí del Carrilet, Camí dels Aigües oder Via Verda genannt, talauswärts und gehen an der Wegkreuzung links bergauf (dies ist der im Text beschriebene Abstieg).

Sie folgen nun auf mehr oder weniger gut definierten Wegspuren immer dem mit Gras bestandenen Bergrücken, der sogenannten Serra de la Mainera. Im Sommer weiden hier große Kuhherden. Einige Steinmännchen weisen Ihnen die Richtung, im Grunde geht es aber immer nach Norden auf den Gipfel zu. Links unter Ihnen liegt nun der oberste Speicher des Pumpspeicherkraftwerks von Cabdella.

Der Pfad wird immer steiler und teilt sich schließlich. Sie gehen hier den direkten Weg durch die Steilwand, die nun direkt vor Ihnen liegt. Der Anschein trügt:

Der Aufstieg ist nicht so schwierig, wie es scheint. Auf dem Kamm werden einzelne Felsblöcke ohne größere Schwierigkeit überwunden. Am Gipfelgrat könnte es sein, dass Sie an der einen oder anderen Stelle einmal kurz Ihre Hände zur Unterstützung nutzen müssen. So erreichen Sie relativ zügig den Doppelgipfel des Montsent (der Ihnen zugewandte Gipfel ist mit 2.883 m etwas höher als der Nordgipfel, der 2.880 m misst).

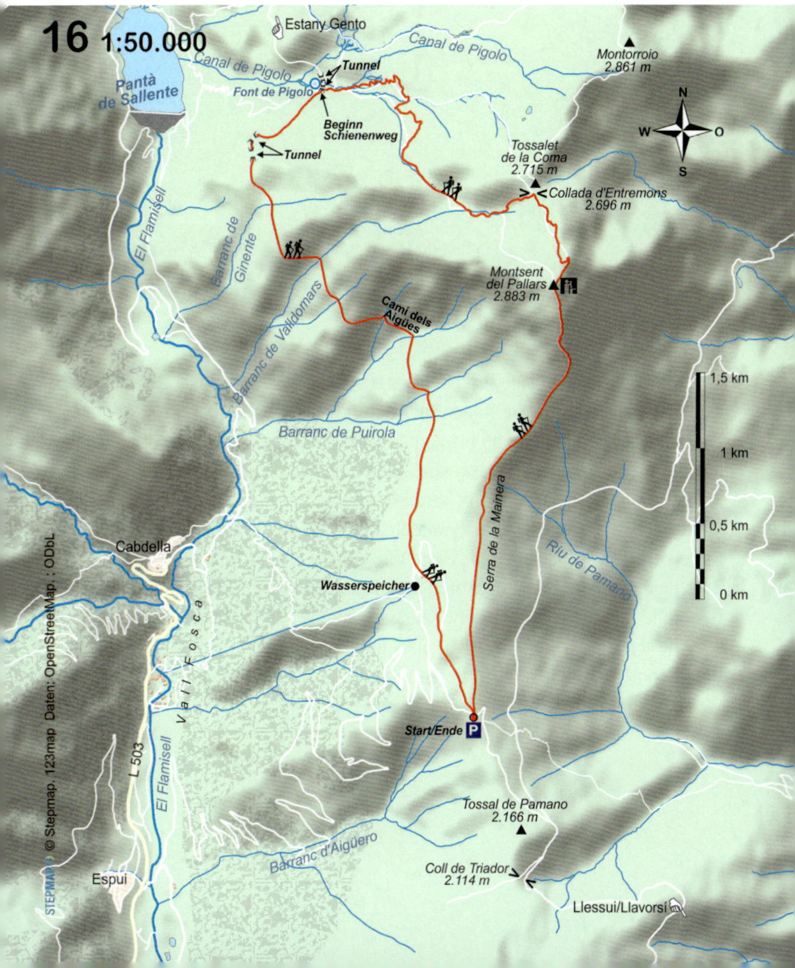

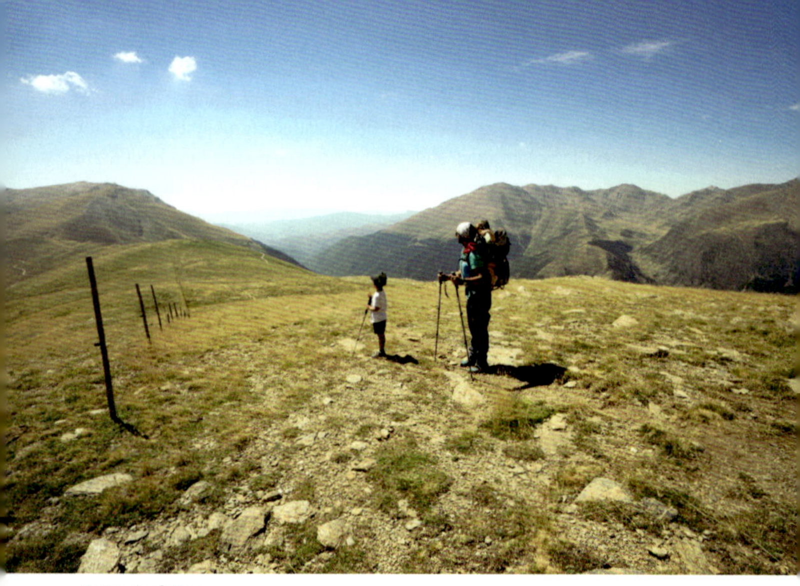

Beim Aufstieg

Der Abstiegsweg folgt anschließend den Steinmännchen nach Norden bis zur Collada d'Entremorts. Sie folgen hier dem Weg nach Westen (links) und steigen auf ihm 550 Höhenmeter ab bis zum Schienenweg Camí del Carrilet. Dieser wird auch Camí dels Aigües („Wasserweg", da er dem Wasserrohr des Wasserspeicherkraftswerk folgt) oder auch Via Verda (so werden in Katalonien ehemalige Schienentrassen bezeichnet, die für Wander- oder Radwege genutzt werden) genannt. Sie erreichen die Schienen an einer Wegkreuzung und folgen diesen nach links durch einen Tunnel. Sie gehen nun auf diesem alten Transportweg immer auf halber Höhe und mit wunderschöner Aussicht in das Vall Fosca, bis Sie den Wasserspeicher erreichen, den Sie zuvor links unter sich gesehen haben. Nun folgen Sie dem Schottersträßchen leicht bergauf bis zum Parkplatz am Ausgangspunkt.

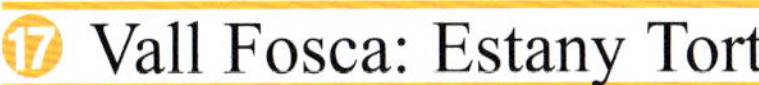

17 Vall Fosca: Estany Tort

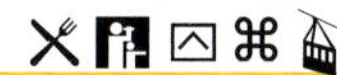

Tour für Naturliebhaber und geschichtlich Interessierte

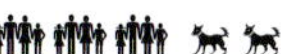

Auf dieser Tour am Ende des Vall Fosca, des dunklen Tals, besichtigen Sie mehrere wunderschöne Bergseen, Überbleibsel der letzten Eiszeit. Außerdem sind an vielen Stellen des Wegs Gebäude und Einrichtungen eines der ältesten Wasserkraftwerke Europas zu besichtigen. Einige Wegabschnitte führen entlang von Schienen, auf denen mit Loren Material für den Bau und die Erweiterung des Kraftwerks transportiert wurde. Zur Bergstation können Sie mit der Seilbahn, die ursprünglich ebenfalls für den Transport von Material für die Erweiterung des Kraftwerks eingerichtet wurde, fahren.

Start/Ziel: Bergstation Seilbahn, N 42°30.626' E 000°59.759'

6 km

2 Std. 30 Min.

312 m/312 m

2.164-2.420 m

Steinmännchen und weiß-rote Markierungen

Restaurant/Bar Telefèric 2200 (km 0 und km 6) und Refugi de Colomina (km 4)

keine Bänke, aber Rastmöglichkeiten an den Seen, zum Beispiel am Estany Tort (km 1,3), am Estany de Colomina (km 4,3) und am Estany Gento (km 5,8) sowie an der Schutzhütte Refugi de Colomina (km 4)

Baden ist im Stausee Pantà de Sallente streng verboten und gefährlich. Die Bergseen, die Sie auf der Tour passieren, sind bereits in der erweiterten Schutzzone des Nationalparks und damit ist Baden auch hier verboten.

Die Tour ist für etwas wandererfahrene Kinder gut machbar. Die Hochgebirgswelt mit den vielen Seen, die Staudämme und vor allem das Gehen entlang alter Lorenwege macht die Tour für sie interessant.

Für Hunde ist der Weg geeignet. Wasser gibt es für sie an den vielen Bergseen und Tümpeln.

P Parkplatz am Stausee Pantà de Sallente

Anreise mit dem Bus bis Pont de Suert, dann Weiterfahrt mit dem Nationalparkbus (nur im Sommer) bis La Torre de Cabdella oder Cabdella, verkehrt vom 21. Juni bis 30. Sept. zweimal täglich zwischen Sort und Taüll (Pla de l'Ermita) und umgekehrt, ☏ +34-973 69 61 89, Fahrplan zum Download unter http://parcsnaturals.gencat.cat und www.alsa.es

Im Vall Fosca gibt es auch Jeep-Taxis: Carles Moyes, Cabdella, ☏ +34-973 66 30 91 und +34-08 03 99 89, Taxis F. Suranell, Senterada, ☏ +34-973 66 17 75 und +34-608 73 60 66.

Vom 1. Juli bis 30. September fährt die Seilbahn stündlich vom Stausee Sallente (oberhalb des Orts Cabdella) bis zum Estany Gento und umgekehrt, Hinfahrt 9:00-15:00, Rückfahrt 13:00-18:00. Mögliche Änderungen der Fahrzeiten der Seilbahn entnehmen Sie der Homepage des Vall Fosca: http://www.vallfosca.net/en/things-to-do-and-see/cablecar/.

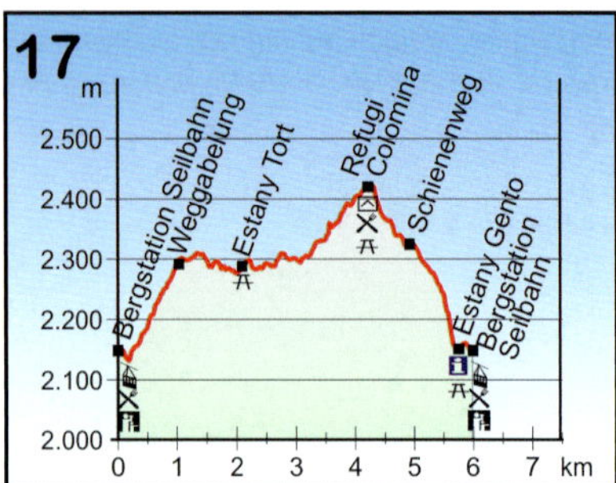

Sie können am Parkplatz am Stausee von Sallente parken und die Seilbahn hoch zur Bergstation nehmen, wo die Wanderung beginnt.

Alternativ können Sie den Weg hoch zur Bergstation auch laufen und die Tour so um 4 km verlängern. Dazu steigen Sie steil durch den Barranc de Pigolo auf, bis Sie auf den Schienenweg (Camí del Carrilet, Camí dels Aigües oder Via Verda genannt) treffen, dem Sie nach links durch zwei Tunnel folgen (Markierung CV, Via Verda). Hinter dem Estany Gento treffen Sie auf die Bergstation der Seilbahn.

Am Estany Gento befindet sich auch ein Informationszentrum und an der Bergstation können Sie im Restaurant/Bar Telefèric 2200 einkehren.

Informationszentrum am Estany Gento, ☏ +34-618 95 77 26, nur im Sommer

Bar-Restaurant Telefèric 2200, ☏ +34-973 25 23 37 und +34-973 25 22 31, während der Betriebszeiten der Seilbahn vom 1. Juli bis 30. Sept., 9:00-18:00

⌘ Die Seilbahn, erbaut 1981, diente dem Transport von Material und Arbeitern für die Erweiterung des gewaltigen Wasserkraftwerks, das bereits in den Jahren 1912-1914 hier errichtet wurde. Erst wurde eine Schmalspurschienenbahn, deren Schienentrassen diese Wanderung teilweise folgt, für den Transport genutzt und später dann die Seilbahn.

Ab der Bergstation der Seilbahn folgen Sie den Schildern Richtung Estany Tort und Refugi de Colomina und nehmen an der nächsten Weggabelung den mit rot-weißen Markierungen versehenen Fernwanderweg GR 11.20 nach rechts (nach links führt er zum Port de Rus und nach Taüll). Der Weg steigt kräftig an. Sie folgen dem GR 11.20 (zwei Abzweigungen nach links werden ignorieren) bis zu einer Weggabelung. Hier verlassen Sie den Fernwanderweg mit den rot-weißen Markierungen

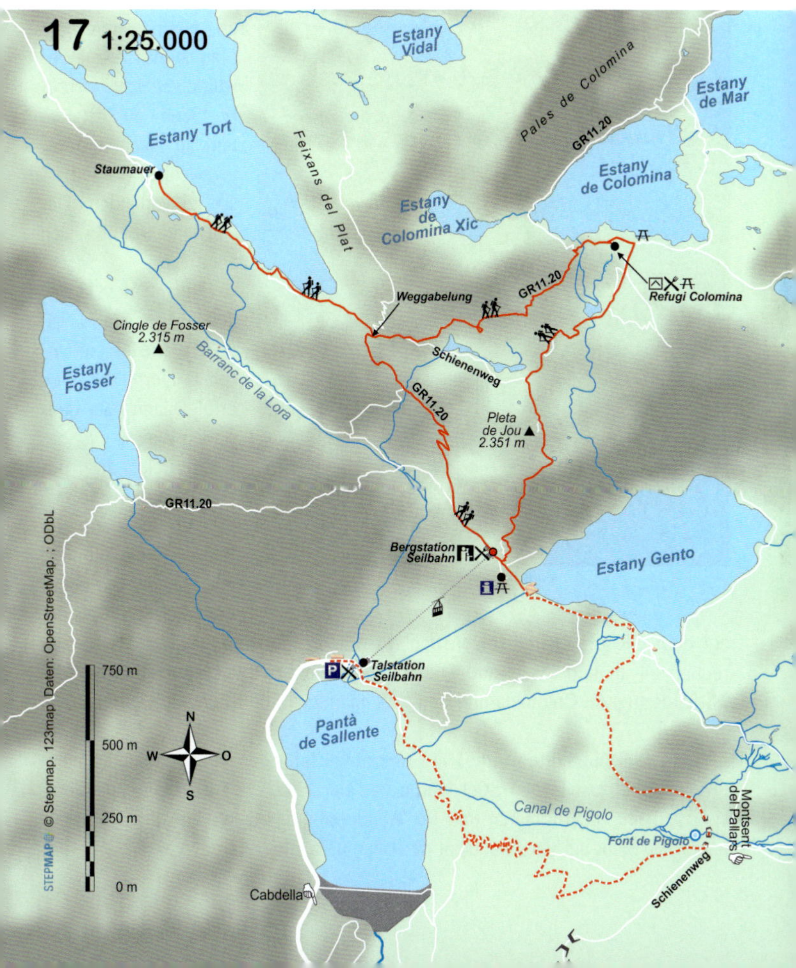

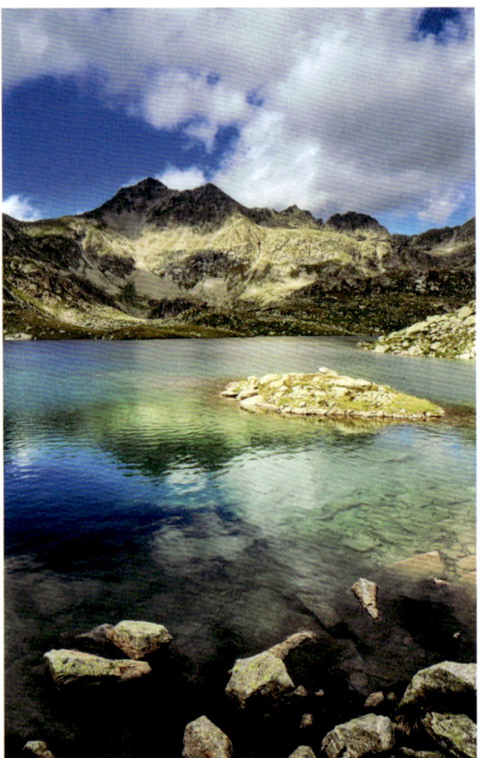

Der Estany Tort

und folgen dem Schild „Estany Tort" nach links. Nun führt der Weg entlang der erwähnten Schienen, die ursprünglich 5 km lang waren, und vorbei an einer ehemaligen Staumauer. Bis 1940 wurde versucht, mehrere Seen aufzustauen und zu einem großen, verzweigten Wasserbassin zu verbinden. Der Aufwand lohnte sich aber nicht.

Entlang des Estany Tort können Sie so weit gehen, wie Sie möchten. Der Rückweg erfolgt dann über denselben Weg.

Zurück an der Wegkreuzung folgen Sie den Schildern zum Refugi de Colomina nach Osten. Sie befinden sich nun wieder auf dem GR 11.20 und folgen den rot-weißen Markierunge. Der Weg steigt recht steil an und insgesamt 4 km hinter dem Startpunkt erreichen Sie das ✕ ⌂ Refugi de Colomina und den gleichnamigen See Estany de Colomina.

⌂ Die Schutzhütte wurde 1917 ursprünglich für den leitenden Bauingenieur errichtet und erst in den 80er-Jahren von der FEEC, dem katalanischen Bergsportverband, übernommen und für Wanderer umgerüstet. Von der Hütte aus haben Sie Sicht auf den Montsent de Pallars (☞ Tour 16).

Refugi de Colomina, ☎ +34-973 25 20 00, colomina.refugi@feec.cat, www.refugicolomina.com, 10. Juni bis 23. Sep. (2018), an Ostern und langen Wochenenden, Reservierungen über den Bergverband FEEC: ☎ +34-973 64 16 81, feec@refusonline.com. Es gibt nur Sandwiches und Getränke, bei einer Übernachtung können Sie Frühstück und Abendessen buchen.

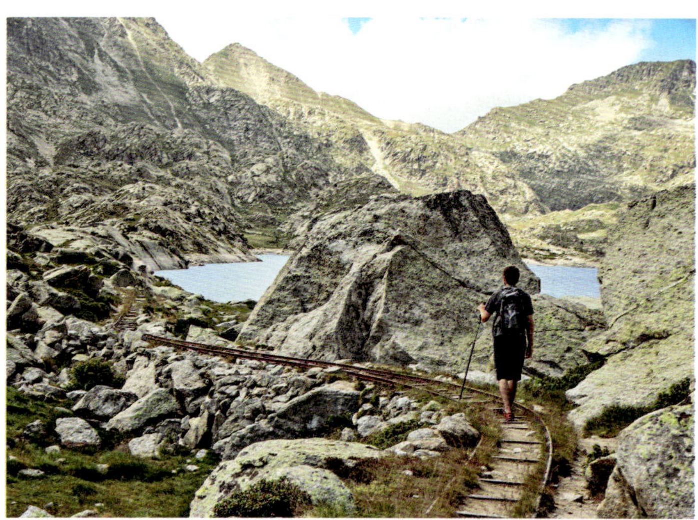

Lorenschienen auf dem Weg zum Estany Tort

Hinter der Schutzhütte gehen Sie ein Stück weiter nach Osten und nehmen dann den Weg nach rechts. Alternativ können Sie von der Hütte aus wieder ein Stück auf dem GR 11.20 zurückgehen und dann die erste Abzweigung nach links nehmen. Beide Wege führen kurz darauf zusammen zu einem Pfad, der sich nach einem kleineren See noch einmal aufspaltet, um bald wieder zusammenzuführen. Dann halten Sie sich an der Gabelung links. Sie kommen kurz vor der Bergstation auf den Camí del Carrilet, bzw. Via Verda oder Camí dels Aigües. Jetzt ist ein winziger Abstecher nach links zum Bergsee Estany Gento zu empfehlen. Wenn Sie zu Fuß absteigen möchten – dies dauert etwa 45 Min. –, gehen Sie hier diesen Weg weiter. Ansonsten kehren Sie am Estany Gento um und gehen zurück zur Bergstation der Seilbahn.

18 Vall Fosca: Pic de Peguera

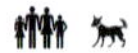

Tour für Naturliebhaber und geschichtlich Interessierte

Der Pic de Peguera ist mit 2.980 m Höhe der höchste Berg oberhalb des Vall Fosca und sicherlich der eindrucksvollste. Der Aufstieg ist relativ einfach, lediglich auf dem Gipfelgrat müssen Sie schwindelfrei sein und direkt unter dem Gipfel an einer Stelle müssen Sie kraxeln. Wer sich allerdings damit begnügt, nur bis wenige Meter unter dem Gipfel zu gelangen, dem bleibt dies erspart.

Start/Ziel: Parkplatz am Stausee Pantà de Sallente, GPS N 42°30.429' E 000°59.364'

22 km

8 Std.

1.470 m/1.470 m

1.770 m-2.980 m

Steinmännchen und weiß-rote Markierungen

Bar-Restaurant Vall Fosca 1750 (km 0 und km 22), Bar-Restaurant Telefèric 2200 (etwas abseits des Weges) und in der Berghütte Refugi de Colomina (km 5,5 und km 16), Brunnen Font de Pigolo (km 2,3 und km 19,5) und am Refugi de Colomina (km 5,5 und km 16)

Schutzhütte Refugi de Colomina (km 5,5 und km 16). An den Seen können Sie außerdem auf Steinen am Ufer rasten, z. B. am Estany Gento (km 3,4 und km 18,5), Estany de Colomina (km 5,5 und km 16), Estany de Mar (km 6,8 und km 15), Estany de Cap de Port (km 12,9) und Estany de Saburó (km 14,3).

Baden ist im Stausee Pantà de Sallente streng verboten und gefährlich. Die Bergseen, die Sie auf der Tour passieren, sind bereits in der erweiterten Schutzzone des Nationalparks und damit ist Baden auch hier verboten.

Die Tour ist nur für ältere, wandererfahrene Kinder machbar.

Für Hunde ist der letzte Abschnitt des Wegs nicht geeignet. Die Tour führt durch die periphere Schutzzone des Nationalparks. Dort herrscht Leinenpflicht.

P Parkplatz am Stausee Pantà de Sallente

Anreise mit dem Bus bis Pont de Suert, dann Weiterfahrt mit dem Nationalparkbus (nur im Sommer) bis La Torre de Cabdella oder Cabdella, verkehrt vom 21. Juni bis 30. Sept. zweimal täglich zwischen Sort und Taüll (Pla de l'Ermita) und umgekehrt, ☏ +34-973 69 61 89, Fahrplan zum Download unter http://parcsnaturals.gencat.cat und www.alsa.es

Vom 1. Juli bis 30. September fährt die Seilbahn stündlich vom Stausee Sallente (oberhalb des Orts Cabdella) bis zum Estany Gento und umgekehrt, Hinfahrt 9:00-15:00, Rückfahrt 13:00-18:00. Mögliche Änderungen der Fahrzeiten der Seilbahn entnehmen Sie der Homepage des Vall Fosca:

http://www.vallfosca.net/en/things-to-do-and-see/cablecar/.

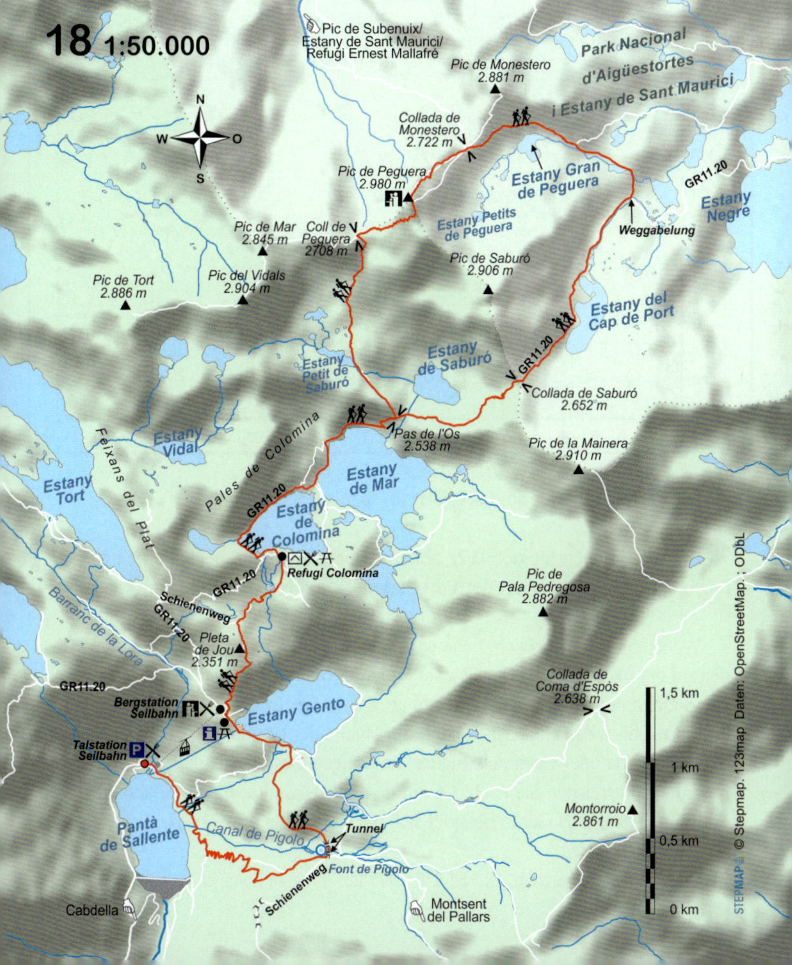

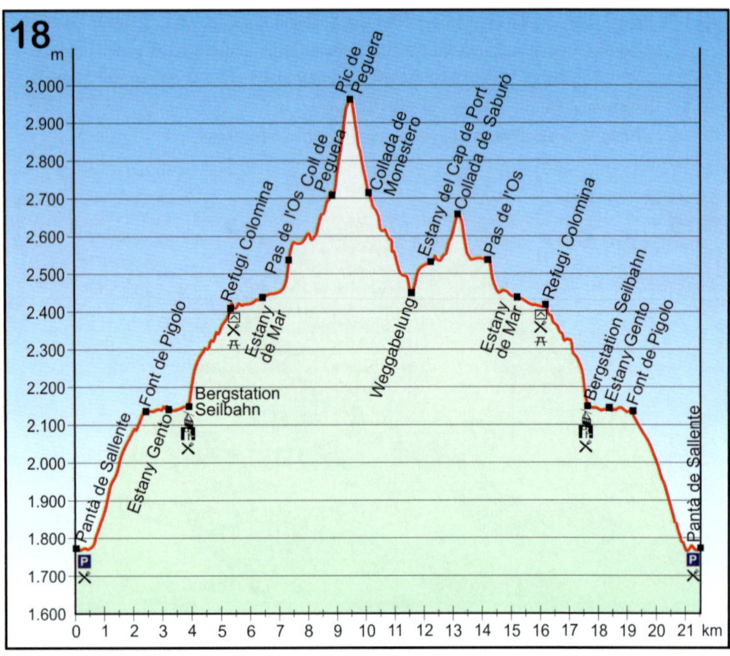

Sie starten Sie Tour am Parkplatz am Stausee von Sallente.

Hier können Sie den Weg abkürzen, indem Sie die Seilbahn nehmen. Sie beginnen die Tour dann an der Bergstation, schon hinter dem Estany Gento.

Wollen Sie zu Fuß gehen, nehmen Sie an der Talstation der Bergbahn den Weg, der auf der Ostseite des Sees bis zum Ende des Staudamms führt. Von dort aus folgen Sie nun den Wegweisern in Richtung „Estany Gento“ steil gen Osten. Sie erreichen schließlich den ehemaligen Lorenweg, heute der Wanderweg Camí del Carrilet, bzw. Via Verda oder Camí dels Aigües, und folgen diesem nach links. Nach mehreren Tunneln erreichen Sie nach 3,4 km den Estany Gento, flankieren ihn an seiner Südseite. Am Estany Gento befindet sich auch ein Informationszentrum.

Informationszentrum, ☏ +34-618 95 77 26, nur im Sommer

Sie gehen kurz vor der Bergstation der Seilbahn rechts ab.

An der Bergstation nahe des Wegs können Sie im Restaurant/Bar Telefèric 2200 einkehren.

Bar-Restaurant Telefèric 2200, +34-973 25 23 37 und +34-973 25 22 31, während der Betriebszeiten der Seilbahn

Sie folgen den Schildern zum Refugi de Colomina (dies ist der Rückweg aus Tour 13). Dabei kommen Sie an den Schienen der Schmalspurbahn vorbei, die zum Bau der Staudämme benutzt wurde. Dann erreichen Sie die Berghütte Refugi de Colomina.

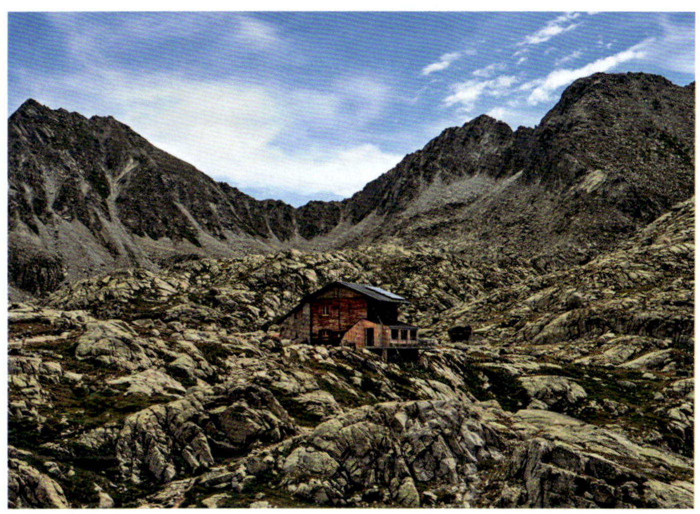

Das Refugi Colomina

Refugi de Colomina, +34-973 25 20 00, colomina.refugi@feec.cat, www.refugicolomina.com, 10. Juni bis 23. Sep. (2018), an Ostern und langen Wochenenden, Reservierungen über den Bergverband FEEC: +34-973 64 16 81, feec@refusonline.com. Es gibt nur Sandwiches und Getränke, bei einer Übernachtung können Sie Frühstück und Abendessen buchen.

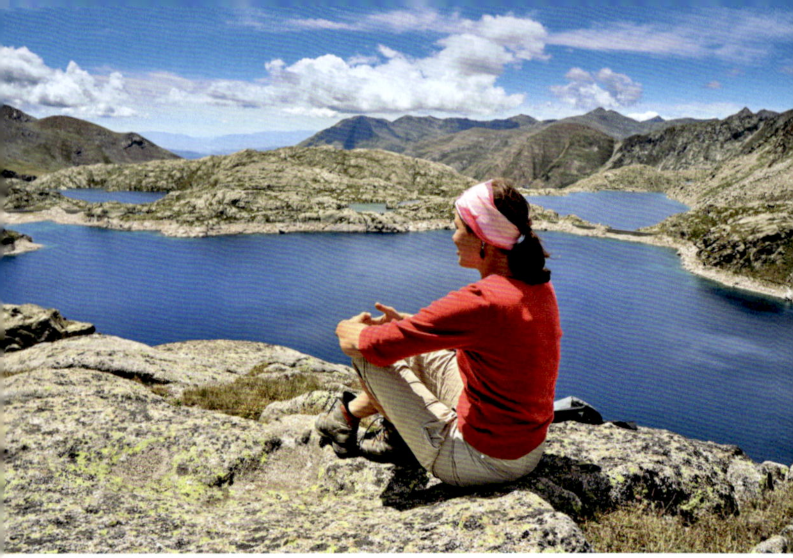

Am Estany de Mar

Sie gehen am Ufer des Estany de Colomina zunächst nach Westen, dann nach Nordosten und folgen dabei den Markierungen des Fernwanderwegs GR 11.20. Dieser führt Sie hinauf bis zum Estany de Mar, dem „Meeressee", und zieht dann in steilen, kurzen Kurven hinauf zum Pas de l'Os. Hier halten Sie sich links, verlassen den GR 11.20 und folgen dem Schild Richtung Refugi Ernest Mallafré und den Steinmännchen. Vor sich haben Sie das Ziel, den imposanten Pic de Peguera. Sie passieren den Bergsee Estany Petit de Saburó und blicken auf das größere Pendent, den Estany de Saburó, der rechter Hand 50 m unter Ihnen liegt. Schließlich erreichen Sie den aussichtsreichen Coll de Peguera, wo ein Schild Sie darauf hinweist, dass Sie nun in der Kernzone des Nationalparks sind. Sie können nun erstmals den Blick auf den nördlicheren Teil des Parks genießen, wo sich zahlreiche Gipfel auf über 3.000 m Höhe erheben. Sie erblicken nordöstlich den Pic de Subenuix (☞ Tour 19) und südlich den Montsent del Pallars (☞ Tour 16).

Sie können hier den Aufstieg zum Pic de Peguera und dessen Gipfelgrat in Augenschein nehmen und gehen dann nach Osten darauf zu.

✋ Die letzten Meter über den Grat bis zum Gipfel des Pic de Peguera erfordern absolute Schwindelfreiheit und die Zuhilfenahme der Hände.

Vom Gipfel genießen Sie spektakuläre Rundblicke über den kompletten Nationalpark Aigüestortes und Estany de Sant Maurici, die Gipfel des Park Natural Alt Pirineus und Andorras im Osten und die höchsten Gipfel der Pyrenäen im aragonischen Teil im Westen.

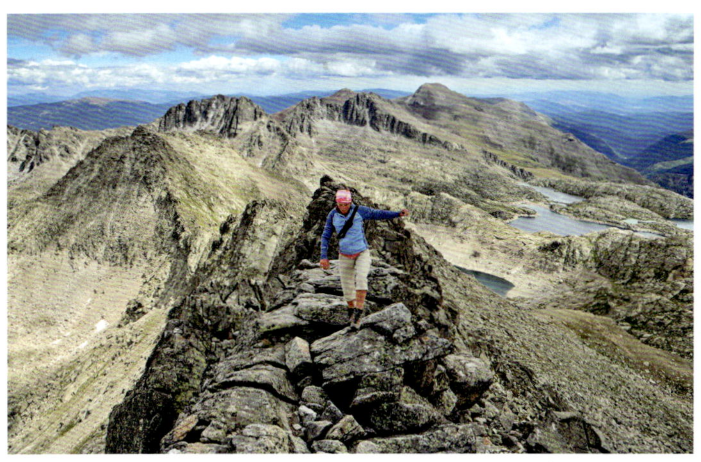

Auf dem Gipfelgrat

Sie können von hier aus auf demselben Weg wieder zurückkehren.

Jenseits des Gipfels steigen Sie nach Osten zur Collada de Monestero ab und setzen die Runde durch den Westteil des Nationalparks fort. Dazu ignorieren Sie an der Collada de Monestero sowohl den Pfad nach links hinab zum Estany de Sant Maurici als auch halblinks hinauf zum Gipfel des Monestero. Sie gehen nach Osten, halten sich an den nächsten beiden Weggabelungen rechts und gehen dann südlich bis zum Estany del Cap de Port. Sie steigen dann auf zur Collada de Saburó. Sie gehen an der Südostseite des Estany de Saburó entlang zum Estany de Mar zurück und weiter zum Estany de Colomina. Auf demselben Weg, den Sie auf dem Hinweg genommen haben, kehren Sie zum Parkplatz zurück. Hier befindet sich das ✕ Bar-Restaurant Vall Fosca 1750.

✕ Bar-Restaurant Vall Fosca 1750, ☏ +34-973 25 22 31, während der Betriebszeiten der Seilbahn, 1. Juli bis 30. Sept. 9:00-18:00

⑲ Pic de Subenuix

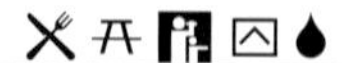

Tour für Naturliebhaber und Sportliche

Dies ist die anspruchsvollste Tour dieses Wanderführers, die über ein steiles Geröllfeld und schließlich im Bereich des Gipfels über ausgesetzte Stellen führt. Absolute Trittsicherheit und Schwindelfreiheit ist hier erforderlich. Für die Mühen werden Sie aber mehr als ausreichend entschädigt: Die Tief- und Fernblicke vom ausgesetzten Gipfelgrat sind unvergleichlich dramatisch. Sie überblicken den kompletten Nationalpark und haben von hier die privilegierteste Sicht auf dessen Wahrzeichen, die Doppelspitze der Encantats. Wer es gemütlicher möchte, geht nur bis ans Ende des abgelegenen und wenig frequentierten Tals und bis zum Estany Xic de Subenuix.

⇆ Start/Ziel: Parkplatz der Jeep-Taxis direkt am Estany de Sant Maurici, GPS N 42°34.939' E 001°00.684'

13,2 km

4 Std.

↑↓ 1.205 m/1.205 m

⇧ 1.865-2.947 m

Steinmännchen

Refugi Ernest Mallafré (km 0,9 und km 12,3), Brunnen am Informationshäuschen 50 m vom Jeep-Taxi-Parkplatz entfernt und am Refugi Ernest Mallafré

Refugi Ernest Mallafré (km 0,9 und km 12,3), sonst keine Bänke, aber beliebig zu wählende Rastplätze

Im Nationalpark ist Baden verboten!

Die Tour ist wegen des sehr steilen Geröllfelds und des ausgesetzten Gipfelgrats für Kinder nicht zu empfehlen.

Für Hunde ist der Weg aufgrund der Steilheit und Ausgesetztheit nicht geeignet.

P Wenn Sie mit dem Jeep-Taxi von Espot aus fahren möchten, parken Sie am Ortseingang von Espot auf dem großen Parkplatz links. Sie können auch bis zum Parkplatz des Nationalparks am Prat de Pierró oberhalb von Espot, an der Carretera Espot a Sant Maurici bei km 3, fahren.

bis Espot mit dem Nationalparkbus, verkehrt vom 21. Juni bis 30. Sept. zweimal täglich zwischen Sort und Taüll (Pla de l'Ermita) und umgekehrt, ☏ +34-973 69 61 89, Fahrplan zum Download unter http://parcsnaturals.gencat.cat und www.alsa.es

Von Espot bis zum Estany de Sant Maurici fahren das ganze Jahr über Jeep-Taxis. Im Sommer fahren sie in Espot (am Ortseingang rechter Hand, gegenüber vom großen Parkplatz) ab 9:00 in kurzen Abständen (immmer dann wenn Fahrgäste kommen) und zurück bis 19:00 jede volle Stunde. Die letzte Rückfahrt variiert außerhalb der Sommermonate und sollte unbedingt erfragt werden, ☏ +34-973 62 41 05. Sie können auch außerhalb der festen Fahrzeiten (also vor 9:00 oder nach Fahrschluss am Abend) ein Taxi bestellen, dies müssen Sie aber am Vortag anmelden und es ist teurer als der reguläre Taxiservice.

Für die Variante, die am Parkplatz des Nationalparks startet, können Sie sich den GPS-Track auf der Internetseite des Verlags (www.conrad-stein-verlag.de) herunterladen.

Sie können bis zum Parkplatz des Nationalparks an der Carretera d'Espot fahren und dann dem Pfad folgen, der über Holzstege und ein Brückchen zum Fernwanderweg GR 11 führt. Dann wandern Sie auf diesem an einer Kapelle vorbei zum Bergsee Estany de Sant Maurici (insgesamt wird die Tour dann 7 km, bzw. 2 Std. 30 Min. länger). Sie können jedoch schon vorher nach links zum Refugi Ernest Mallafré abbiegen.

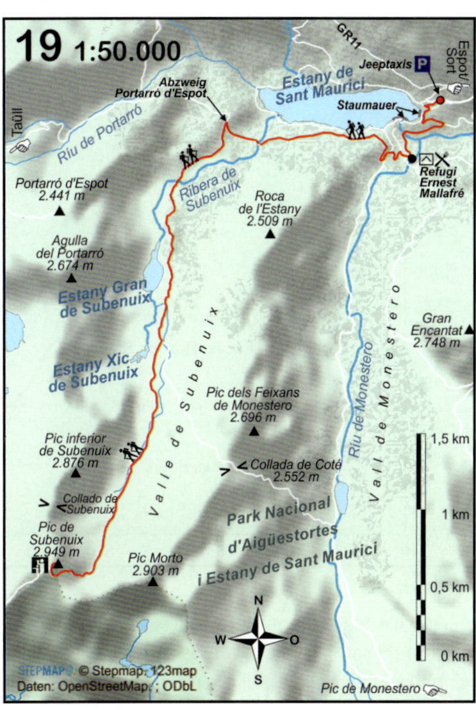

Die Tour startet am Parkplatz der Jeep-Taxis. Sie gehen unterhalb der Staumauer und am WC-Häuschen vorbei und folgen dann den Schildern zum Refugi Ernest Mallafré zunächst nach links und dann wieder nach rechts.

Refugi Ernest Mallafré, ☏ +34-973 25 01 18, 3. Juni bis 31. Sep., Ostern, im Okt. an manchen langen Wochenenden. Es gibt Frühstück von 7:30-8:30 und Abendessen um 19:30 (mit Voranmeldung). Dazwischen können Sie Getränke und Kleinigkeiten erstehen. Außerhalb der Öffnungszeiten sind ein Winterraum sowie der Eingangsbereich der Hütte geöffnet, sodass Sie sich unterstellen bzw. behelfsmäßig übernachten und dort im Inneren rasten können.

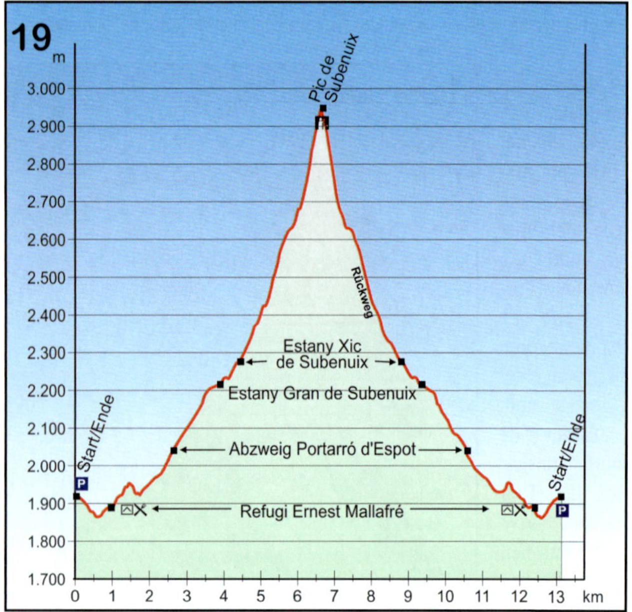

Anschließend folgen Sie der Beschilderung Richtung Vall de Subenuix und Portarró d'Espot, die Sie mit etwas Abstand am Südufer des Estany de Sant Maurici entlang führt – Sie sollten, um den Abzweig nicht zu verpassen, nicht den Pfad direkt am Ufer nehmen. Nachdem Sie den Subenuix-Bach überquert haben, erreichen Sie eine Weggabelung, an der es nach rechts zum Portarró d'Espot und nach links in das Valle de Subenuix geht. Sie gehen hier nach links und folgen dem Pfad noch einmal über den Bach und vorbei an den Seen Estany de Subenuix und Estany Xic de Subenuix bis zu dessen Ende. Nun müssen Sie vage den Stein-

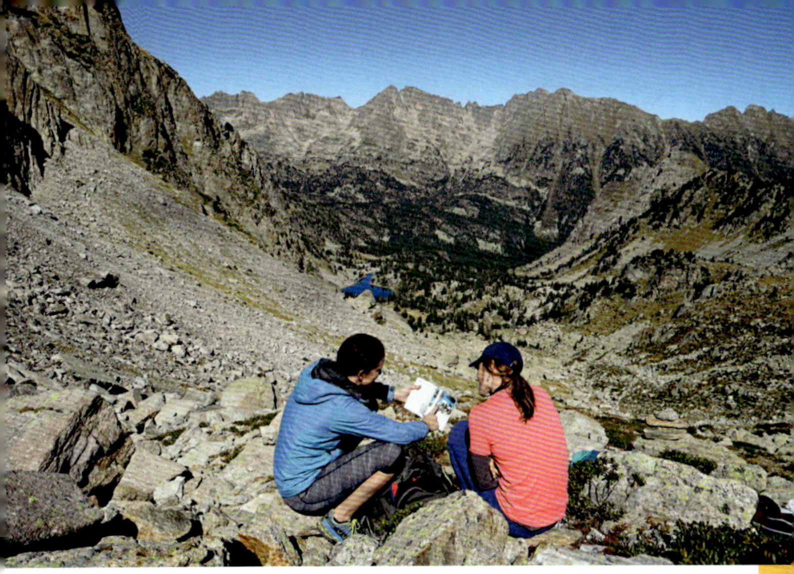

Aufstieg, Beginn des Geröllfelds

männchen folgend etwa 20 Min. über große Steinblöcke klettern. Rechter Hand erkennen Sie bereits den Pass Collado de Subenuix, der den Pic de Subenuix und den Vorgipfel Pic Inferior de Subenuix trennt. Linker Hand des Hauptgipfels liegt der Pic Morto. Sie steuern den Pass südlich des Hauptgipfels an, müssen aber dabei fast 400 Höhenmeter weglos auf dem gigantischen, steilen Geröllfeld überwinden. Es ist zu raten, nahe an den Felswänden zu gehen und sich dort mit den Händen zu stützen. Ab dem südlichen Pass oberhalb des Geröllfelds folgen Sie wieder Steinmännchen und erreichen bald über einige ausgesetzte Stellen, bei denen absolute Trittsicherheit und Schwindelfreiheit erforderlich ist, den Gipfel Pic de Subenuix, auf dem ebenfalls nur Schwindelfreie länger rasten können. Dafür sind die Tief- und Ausblicke im wahrsten Sinne des Wortes atemberaubend.

Hier kehren Sie um und gehen auf demselben Weg zurück, auf dem Sie gekommen sind.

20 Estany de Sant Maurici

Tour für Naturliebhaber

Der Estany de Sant Maurici mit der Doppelspitze der Encantats im Hintergrund ist eine der prägnantesten Ansichten im Ostteil des Nationalparks Aigüestortes i Estany de Sant Maurici. Den Postkartenblick auf den Namensgeber des seenreichen Nationalparks und die ihn umgebenden Dreitausender-Gipfel genießen Sie vom Aussichtspunkt Mirador de l'Estany.

Start/Ziel: Parkplatz der Jeep-Taxis direkt am Estany de Sant Maurici, GPS N 42°34.939' E 001°00.684'

7,8 km

2 Std. 45 Min.

335 m/335 m

1.861-2.174 m

Steinmännchen, gelbe Markierungen der Rundtour Carros de Foc, rot-weiße Markierungen des Fernwanderwegs GR 11

Refugi Ernest Mallafré (km 0,9), Brunnen am Informationshäuschen 50 m vom Jeep-Taxi-Parkplatz entfernt und am Refugi Ernest Mallafré

Refugi Ernest Mallafré (km 0,9), auch außerhalb der Öffnungszeiten

Sie dürfen in der Kernzone des Nationalparks nicht baden!

Die Tour ist für Kinder interessant und abwechslungsreich. Der Weg führt über Brückchen und Stege, vorbei an einem eindrucksvollen Wasserfall und zwei Seen, an denen sich Kinder austoben können (baden ist allerdings nicht erlaubt).

Für Hunde ist der Weg geeignet. Es gibt viel Wasser. Im Nationalpark herrscht allerdings Leinenpflicht.

Wenn Sie mit dem Jeep-Taxi von Espot aus fahren möchten, parken Sie am Ortseingang von Espot auf dem großen Parkplatz links. Sie können auch bis zum Parkplatz des Nationalparks am Prat de Pierró oberhalb von Espot, an der Carretera Espot a Sant Maurici bei km 3, fahren.

bis Espot mit dem Nationalparkbus, verkehrt vom 21. Juni bis 30. Sept. zweimal täglich zwischen Sort und Taüll (Pla de l'Ermita) und umgekehrt, ☏ +34-973 69 61 89, Fahrplan zum Download unter http://parcsnaturals.gencat.cat und www.alsa.es

Von Espot bis zum Estany de Sant Maurici fahren das ganze Jahr über Jeep-Taxis. Im Sommer fahren sie in Espot (am Ortseingang rechter Hand, gegenüber vom großen Parkplatz) ab 9:00 in kurzen Abständen (immmer dann wenn Fahrgäste kommen) und zurück bis 19:00 jede volle Stunde. Die letzte Rückfahrt variiert außerhalb der Sommermonate und sollte unbedingt erfragt werden, ☏ +34-973 62 41 05. Sie können auch außerhalb der festen Fahrzeiten (also vor 9:00 oder nach Fahrschluss am Abend) ein Taxi bestellen, dies müssen Sie aber am Vortag anmelden und es ist teurer als der reguläre Taxiservice.

☺ Einen Teil der Strecke können Sie auch mit einem Buggy machen. Der Zugang zum See ist durch Holzstege barrierefrei – so auch das erste Wegstück vom Parkplatz (für Privat-Pkw) des Nationalparks bis zur Brücke über den Riu Escrita. Ab hier müssten Sie mit dem Kinderwagen dem Fahrsträßchen bis zum Estany de Sant Maurici folgen. Vom Parkplatz der Jeep-Taxis aus können Sie sowohl den unbefestigten Fahrweg bis zum Refugi Ernest Mallafré gehen als auch in die Gegenrichtung auf dem Fernwanderweg GR 11 (die Strecke wird von Jeep-Taxis zum Refugi Amitges genutzt) bis zum Estany de Ratera. Von dort aus sind es nur noch 10 Min. bis zum Aussichtspunkt. Den Weg zum Ratera-Wasserfall können Sie aber mit dem Kinderwagen nicht gehen.

Vom Ort Espot aus können Sie ein Jeep-Taxi nehmen und damit direkt bis zum Estany de Sant Maurici fahren. Der Eindruck des Stausees mit der Doppelspitze

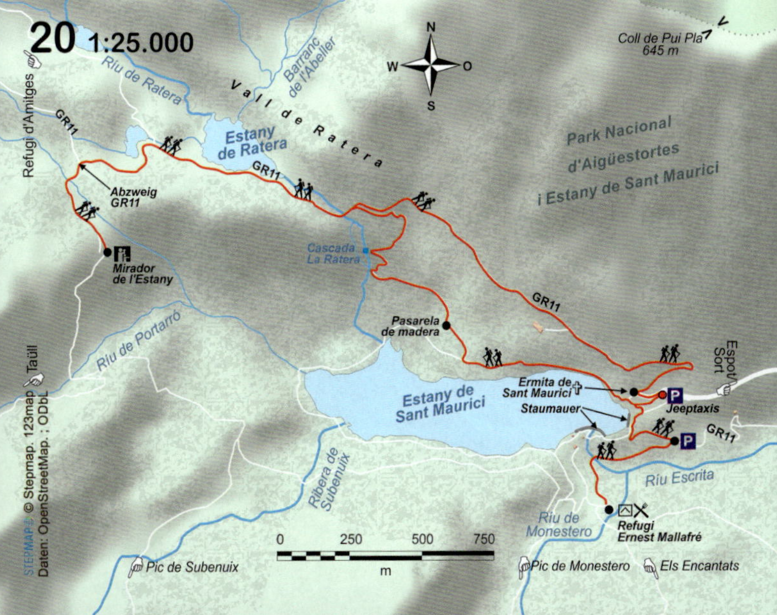

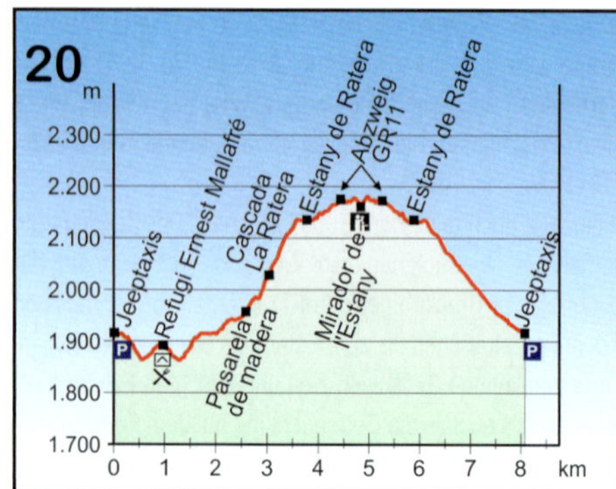

der Encantants linker Hand im Hintergrund ist atemberaubend.

↳ Sie können auch bis zum Parkplatz des Nationalparks, dem Parkplatz Prat de Pierró, fahren und dann dem Pfad folgen, der über Holzstege und ein Brückchen zum Fernwanderweg GR 11 führt. Dann wandern Sie auf diesem an einer Kapelle vorbei zum Bergsee Estany de Sant Maurici (insgesamt wird die Tour dann 7 km, bzw. 2 Std. 30 Min. länger). Wenn Sie vom Pkw-Parkplatz kommen, erreichen Sie den Estany de Sant Maurici in der Nähe seiner Staumauer. Sie können jedoch schon vorher nach links zum Refugi Ernest Mallafré abbiegen.

Am Parkplatz am Estany de Sant Maurici starten Sie die Tour nun mit einem Abstecher zum ✕ ⌂ Refugi Ernest Mallafré. Sie gehen dafür auf dem beschilderten Weg nach links, unterhalb der Staumauer entlang (hier gibt es ein WC) und an der Weggabelung wieder links.

Oberhalb von dem Wasserfall Cascada de Ratera

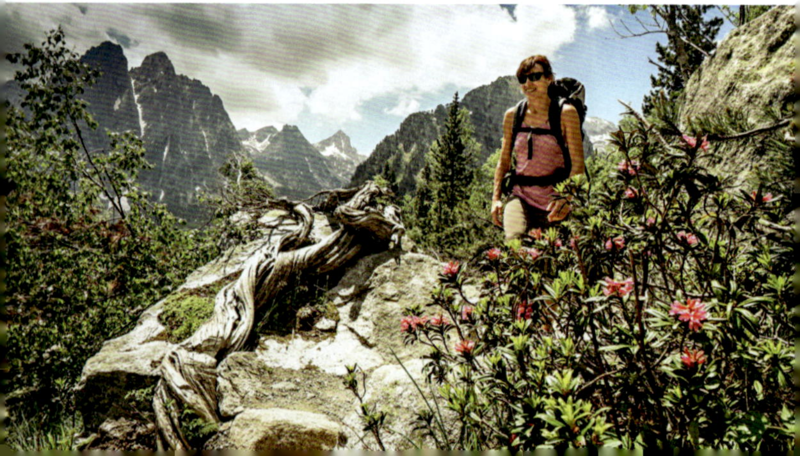

✕ ☐ Refugi Ernest Mallafré, ☏ +34-973 25 01 18, 🚪 3. Juni bis 31. Sep., Ostern, im Okt. an manchen langen Wochenenden. Es gibt Frühstück von 7:30-8:30 und Abendessen um 19:30 (mit Voranmeldung). Dazwischen können Sie Getränke und Kleinigkeiten erstehen. Außerhalb der Öffnungszeiten sind ein Winterraum sowie der Eingangsbereich der Hütte geöffnet, sodass Sie sich unterstellen bzw. behelfsmäßig übernachten und dort im Inneren rasten können.

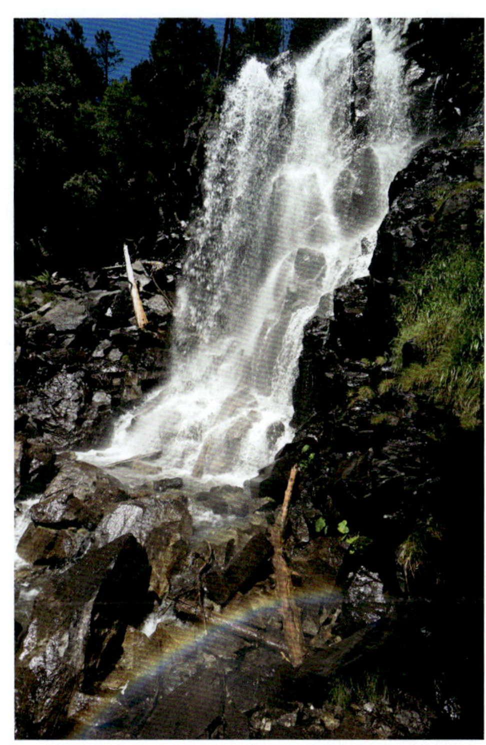
Cascada de Ratera

Nach Rast in der Hütte gehen Sie wieder zurück bis zur Weggabelung am 💧 Brunnen, der 50 m vom Parkplatz entfernt liegt, und folgen dem Seeufer und den Schildern, auf denen der Wasserfall Cascada de Ratera schon ausgeschrieben steht.

An der Weggabelung gehen Sie rechts den Hang hinauf, folgen dem Pfad durch den Wald, über ein Brückchen und über einen Holzsteg. Sie erreichen bald den tosenden Wasserfall. Weiter oberhalb gabelt sich der Pfad. Sie kommen auf beiden Pfaden kurz darauf zum rot-weiß markierten Fernwanderweg GR 11, dem Sie nach links nach Westen folgen. Es eröffnet sich nun der Blick nach rechts auf die steilen Nadeln der Agulles de Amitges, die oberhalb der Berghütte Refugi d'Amitges liegen.

Nach dem Bergsee Estany de Ratera halten Sie sich dann an der Weggabelung links und erreichen nach 10 Min. den Aussichtspunkt Mirador de l'Estany. Dort eröffnet sich ein Prachtblick.

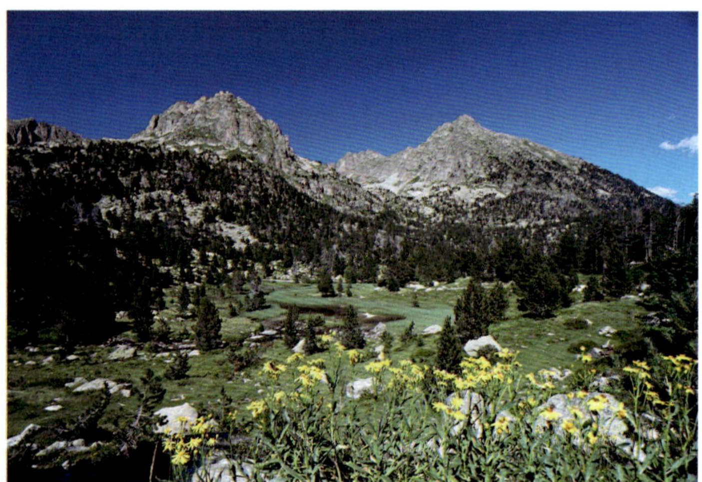

Beim Mirador de l'Estany

Nun gehen Sie bis zum Estany de Ratera zurück und wandern dann entlang des breiten Wegs des GR 11 zum Ausgangspunkt. Auf diesem Fahrweg begegnet man gelegentlich Jeep-Taxis, die zum Refugi d'Amitges fahren.

Nach dem Mirador können Sie auch rechts abbiegen und auf dem blau markierten Weg entlang der Südseite des Sees zurückgehen.

☺ Die Rundtour Carros de Foc (zu Deutsch: „Feuerwagen") führt durch den gesamten Nationalpark und verbindet neun bewirtschaftete Berghütten. Üblicherweise brauchen Sie für die mit gelben Pfosten markierten 55 km und 9.200 Höhenmeter vier bis sechs Tage. Info unter www.carrosdefoc.com.

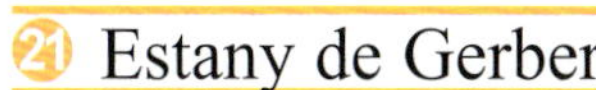

21 Estany de Gerber

WC

Tour für Naturliebhaber

Die Tour ins Vall de Gerber ist eine Entdeckungstour in die frühe Erdgeschichte. Drei Gletscherseen liegen hier wie an einer Perlenkette aufgereiht direkt hintereinander. Das romantische Tal bildet die Grenze zwischen dem Landkreis Pallars Sobirà und dem Vall d'Aran, das bereits auf der Nordseite der Pyrenäen liegt. Das Vall d'Aran, das bis zum Bau des Tunnels von Viellha weitgehend vom Rest Kataloniens bzw. Spaniens abgeschnitten war, hat eine eigene Sprache und Kultur. Hier spricht man die mit dem Okzitanischen aus Frankreich verwandte Mikrosprache Aranès, die im Vall d'Aran (bzw. Val d'Aran auf Aranesisch) sogar dritte Amtssprache neben dem Spanischen und Katalanischen ist.

⇆ Start/Ziel: Parkplatz Peülla (auch Gerber genannt), N 42°39.220' E 000°59.970'

8 km

3 Std. 15 Min.

↑↓ 461 m/461 m

⇧ 1.885-2.230 m

Steinmännchen

Es gibt keine Einkehrmöglichkeit oder Brunnen. Allerdings können Sie im Hochgebirge aus vielen der Bäche trinken – immer das Wasser so weit oben wie möglich abfüllen und sichergehen, dass keine Tiere dort weiden und das Wasser verunreinigt haben.

Es gibt keine Bänke, aber Sie können z. B. an den Seeufern auf Steinen rasten (km 1,9, km 3,0, km 4,0, km 5,2 und km 6,2).

Am Estany de Gerber

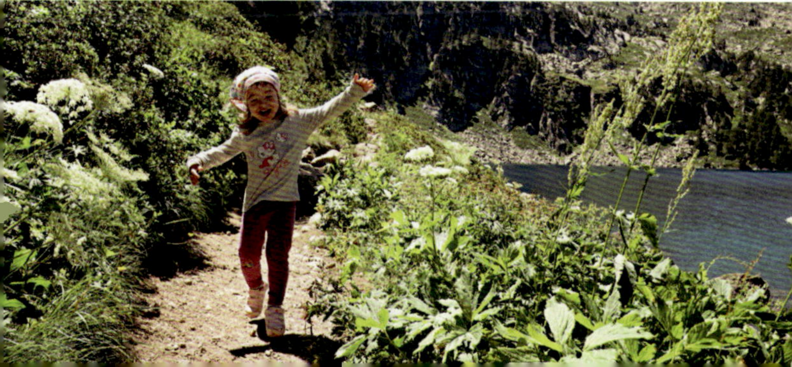

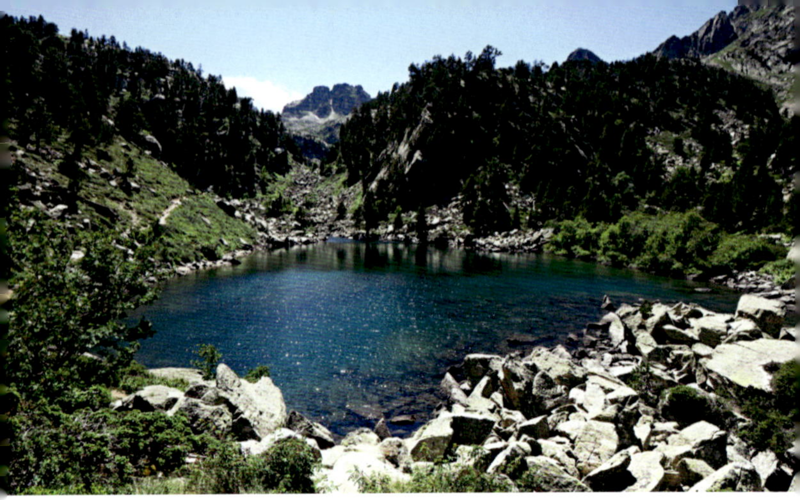

Der Estany Gerber

Das Baden in den Bergseen wird nicht empfohlen, da Sonnencreme etc. das empfindliche Ökosystem stören!

Die Tour mit den vielen Seen ist für Kinder spannend.

Für Hunde ist der Weg sehr gut geeignet. Es herrscht aber Leinenpflicht.

Parkplatz Peülla

Anreise mit dem Nationalparkbus bis zum Parkplatz Peülla, verkehrt vom 21. Juni bis 30. Sept. zweimal täglich zwischen Sort und Taüll (Pla de l'Ermita) und umgekehrt, ☏ +34-973 69 61 89, Fahrplan zum Download unter http://parcsnaturals.gencat.cat und www.alsa.es

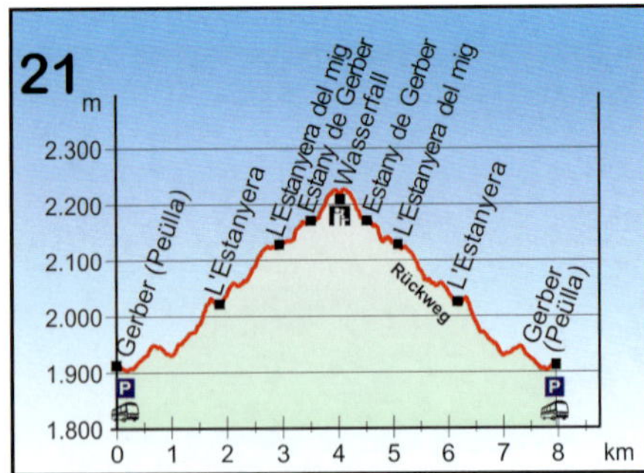

Sie starten die Tour am Parkplatz Peülla, auch Gerber oder Vall de Gerber genannt, unterhalb des Port de Bonaigua genannten Passes, der hinüber auf die Nordseite der Pyrenäen und ins Val d'Aran führt. Dort gibt es auch ein WC.

Sie gehen zunächst auf einem ausgeschilderten und

klar erkennbaren Pfad hinab zum Bach und überqueren diesen. Jenseits des Baches geht es dann bergan bis zum hübschen Bergsee l'Estanyera (auch Estanyola oder Estanyola de Gerber), einer ersten Bademöglichkeit. Weiter geht es auf demselben Weg bis zum nächsten netten, kleinen Bergsee, dem L'Estanyera del Mig, auf den bald der größte See des Tals, der Estany de Gerber, folgt. Es ist ratsam, dem Weg noch ein Stück bergauf zu folgen, denn oberhalb des Seeufers erreichen Sie einen Wasserfall, der allerdings im Sommer oft trocken ist.

↳ Sie können dem Weg noch weiter bis zum Ende des Tals und bis zur Biwakschachtel Mataró folgen.

Sie kehren dann um und gehen über denselben Weg zurück.

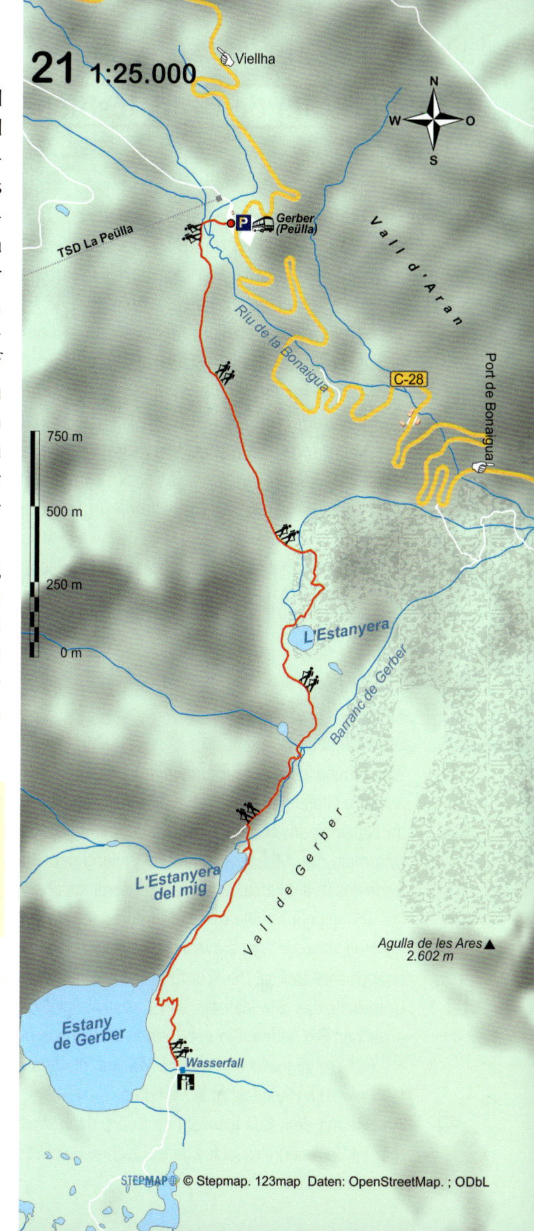

22 Punta Alta de Comalesbienes

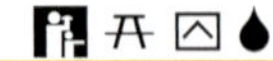

Tour für Naturliebhaber

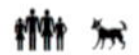

Die Punta Alta de Comalesbienes ist mit ihren 3.014 m Höhe ein fantastischer Aussichtspunkt und eröffnet den Blick auf den kompletten Nationalpark sowie die noch höheren Gipfel des Maladeta-Massivs in Aragon. Prägend ist auch die Sicht auf den Stausee Pantà de Cavallers, dessen 1.783 m über n. N. liegende Staumauer Sie bereits vom Parkplatz aus bestaunen können. In Serpentinen führt ein Pfad steil auf die Höhe des Sees hinauf. Schon hier beginnt der Rucksack schwer auf den Schultern zu liegen. Je nach Tageszeit schiefer- oder eisgrau und meist flach wie eine Tischplatte liegt er dann vor einem, der von gewaltigen – bei Kletterern sehr beliebten – Steilwänden gesäumte Stausee. Die Punta Alta de Comalesbienes ist ein relativ einfacher Dreitausender, lediglich der Aufstieg ist recht steil – ideal für Gipfelstürmer, die schnell an Höhe gewinnen wollen.

- Start/Ziel: Parkplatz Staudamm Presa de Cavallers, GPS N 042°35.076' E 000°51.317'
- 14 km
- 6 Std.
- 1.400 m/1.400 m
- 1.725-3.011 m
- Steinmännchen
- Einkehrmöglichkeit und Brunnen an der Berghütte Refugi Ventosa i Calvell (km 8,6)
- auf dem Gipfel (km 5), am Refugi Ventosa i Calvell (km 8,6)
- Im Nationalpark oberhalb des Staudamms von Cavallers ist das Baden verboten. Unterhalb des Staudamms gibt es entlang der Straße von Caldes de Boí mehrere Badestellen am Fluss, diese liegen allerdings abseits des Wegs.
- Die Tour ist nur für ältere, wandererfahrene Kinder machbar.
- Für Hunde ist der Weg schwierig, da Sie teilweise über Geröllfelder gehen müssen und er auch sehr steil ist. Die Tour führt durch den Nationalpark, dort herrscht Leinenpflicht.
- P Unterhalb des Staudamms von Cavallers gibt es mehrere Möglichkeiten. Diese erreichen Sie, indem Sie von Caldes de Boí aus die sehr schmale Straße nehmen. Für Wohnmobile und andere Vehikel, die breiter als 2,30 m sind, ist die Durchfahrt bis zum Parkplatz aber verboten.
- Anreise mit dem Bus bis Pont de Suert, dann Weiterfahrt mit dem Nationalparkbus (nur im Sommer) bis Caldes de Boí, verkehrt vom 21. Juni bis 30. Sept. zweimal täg-

lich zwischen Sort und Taüll (Pla de l'Ermita) und umgekehrt, ☏ +34-973 69 61 89, Fahrplan zum Download unter 💻 http://parcsnaturals.gencat.cat und www.alsa.es. Von hier aus müssen Sie vom Informationshäuschen des Nationalparks die 3 km bis zum Staudamm entweder zu Fuß gehen oder – wie hier durchaus üblich – per Anhalter fahren.

☺ Die Tour kann auch andersherum gegangen werden, dann ist aber der Abstieg sehr steil und mühsam.

Vom Parkplatz aus gehen Sie den Fahrweg ein Stück zurück bis zu dem Punkt, an dem sich die Straße zum oberen und zum unteren Parkplatz aufteilt. Sie nehmen dann den Feldweg, der etwa 350 m von der Staumauer entfernt vom asphaltierten Fahrweg abgeht. Diesem folgen Sie nun über einige Haarnadelkurven hinweg, die Sie an einer Stelle auch über einen Pfad abkürzen können. An

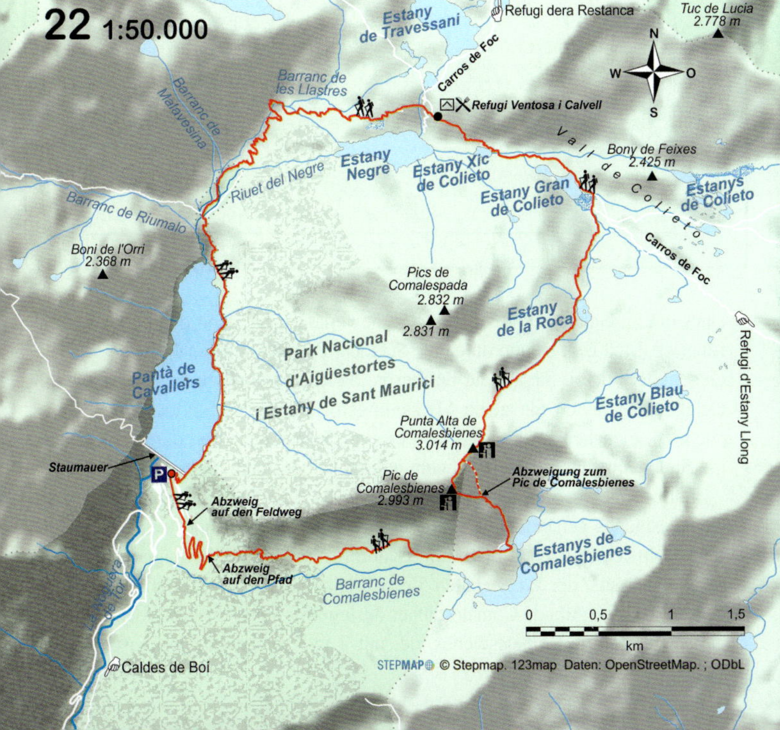

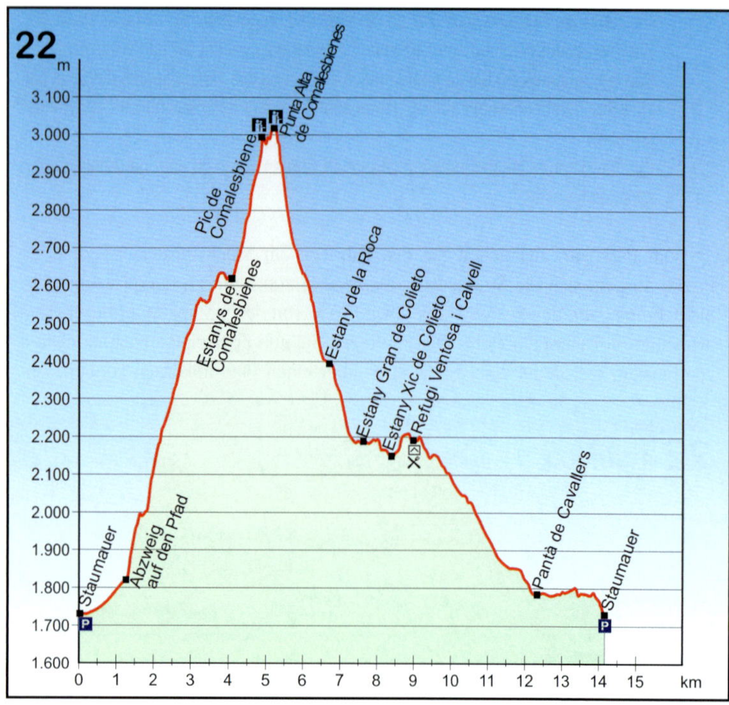

einer mit Steinmännchen markierten Stelle verlassen Sie dann den unbefestigten Fahrweg. Steil geht es nun durch die Schlucht Barranc de Comalesbienes hinauf. Gegenüber blicken Sie auf die Besiberris, die charakteristischen Zwillingsberge. Gelegentlich finden Sie gelbe Markierungen, überwiegend jedoch Steinmännchen. An manchen Stellen sind mehrere mögliche Wegspuren durch das Geröll mit Steinmännchen markiert, es geht jedoch immer durch die Schlucht hinauf.

Bald erreichen Sie die Bergseen Estanys de Comalesbienes, auch Ibons de Comalesbienes genannt. Insgesamt sind es neun größere und kleinere Teiche, die hier in verschiedenen Blau- und Grüntönen schillern. Oberhalb des größten Sees gabelt sich der Weg. Halten Sie sich links – Sie können auch nach rechts direkt die Punta Alta de Comalesbienes ansteuern –, um zunächst über den Vorgipfel, den Pic de Comalesbienes, der mit 2.993 m fast ein Dreitausender ist, zu gehen. Von hier aus folgen Sie dem einfach zu bewältigenden Gipfelgrat bis auf den Gipfel der Punta Alta de Comalesbienes, von dem aus Sie eine fantastische Sicht auf die Besiberris und die Gipfel des Maladeta Massivs in Aragon, inklusive des höchsten Pyrenäengipfels Aneto bei Benasque, haben.

Von der Punta Alta steigen Sie nun nach Norden in das Colieto-Tal ab. Es geht nun etwas unangenehm durch eine Rinne über loses Geröll und große Felsblöcke. Am Ende der Rinne beginnt ein Grat. Hier teilt sich der Weg auf und führt entweder rechts oder links um den Grat herum. Beide Optionen sind mit Steinmännchen markiert. Sie halten sich hier links (westlich) des Grats. Bald erblicken Sie den Bergsee Estany de la Roca, auch Estany de Mamut oder Iban de la Roca genannt. Der Weg wird langsam bequemer und das Geröll wird zunehmend von grasigem Untergrund durchbrochen. Sie erreichen den Bergsee. Dahinter erheben sich die Felsnadeln Agulles de Travessani. Sie gehen links am See vorbei und weiter hinab ins Tal Vall de Colieto. Auf Höhe des Sees Estany Gran de Colieto treffen Sie auf den mit gelben Markierungen versehenen Hauptwanderweg. Dieser verbindet die beiden Schutzhütten Refugi d'Estany Llong im Vall Sant Nicolau und Refugi Ventosa i Calvell, zu der Sie nun nach links in westliche Richtung absteigen. Diese Strecke ist ein Abschnitt der Carros de Foc, einer sehr bekannten Hüttenrundwanderung durch den Nationalpark, die neun Schutzhütten verbindet. Sie folgen nun den gelben Markierungen bergab zum kleineren Bergsee Estany Xic de Colieto. Nun ist es nicht mehr weit bis zur ✕ ⌂ Schutzhütte Refugi Ventosa i Calvell.

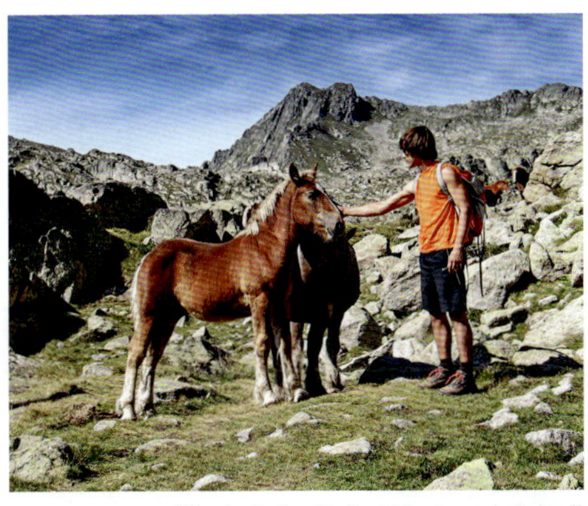

Pferde beim Refugi Ventosa i Calvell

✕ ⌂ Refugi Ventosa i Calvell, ☏ +34-973 29 70 90 oder +34-973 64 18 09, 💻 www.refugiventosa.com, 🚪 im Sommer bewirtschaftet von Mitte Juni bis Ende September, an langen Wochenenden/Feiertagen, außerhalb der Saison ja nach Wetterlage – ✋ bitte vorher erkundigen, ob es geöffnet ist! Reservierungen sind über die

Zentrale des katalanischen Bergverbands FEEC (💻 www.lacentralderefugis.com) möglich. Selbst wenn die Schutzhütte (70 Schlafplätze) nicht bewirtschaftet ist, können Sie in einem kleinen Winterraum (12 Schlafplätze) übernachten. Auch findet sich hier ein Satellitentelefon, mit dem Sie einen Notruf absetzen können.

Unterhalb der Hütte funkelt Ihnen der wunderschöne See Estany Negre entgegen. Der „schwarze See" macht seinem Namen nur bei schlechtem Wetter Ehre. Sonst schillert er in Blau- und Türkistönen. Nach der Hütte mit ihren bunten, tibetischen Wimpeln führt der Weg Sie nach links und oberhalb des Sees entlang. Der Weg nach rechts würde Sie dem Rundweg Carros de Foc folgend zum Refugi dera Restanca führen. Ihr Weg zieht sich nun stets bergab durch den Barranc de les Llastres, der im unteren Teil Barranc der Riumalo heißt. Er vollführt einen Schwenk nach Süden und es eröffnet sich der Blick auf den großen Stausee von Cavallers. Auf der Höhe des Stausees, der je nach Tageszeit schiefer- oder eisgrau schillert und von gewaltigen, bei Kletterern sehr beliebten Steilwänden gesäumt wird, halten Sie sich links und folgen dem Weg auf der Ostseite des Sees. Dabei gehen Sie exakt auf der Nationalparkgrenze, denn der Stausee ist von der Kernzone ausgenommen, bis zur Staumauer und von hier aus hinab zum Parkplatz.

Stausee von Cavallers

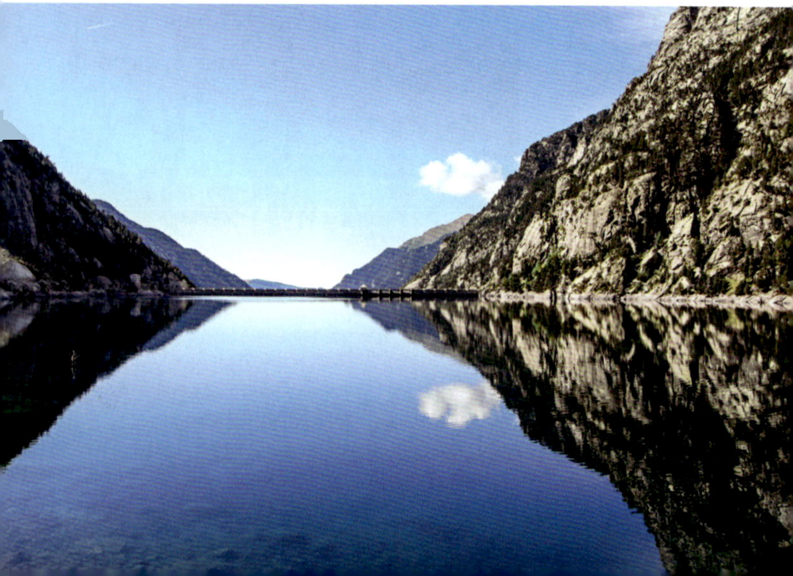

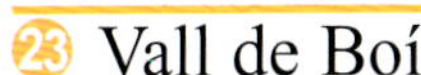

Vall de Boí

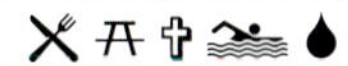

Tour für Naturliebhaber und Kulturinteressierte

Die romanischen Kirchen des Vall de Boí wurden im Jahr 2000 von der UNESCO zum Weltkulturerbe erklärt. Einzeln aufgelistet wurden neun der im spektakulär schönen Vall de Boí gelegenen Steinkirchen. Drei davon besichtigen Sie auf dieser Wanderung, die auch landschaftlich extrem reizvoll ist und über die uralten Verbindungswege zwischen den Dörfern Barruera, Durro und Boí führt.

Start/Ziel: die Kirche Sant Feliu in Barruera, GPS N 42°30.264' E 000°48.123'

10,5 km

3 Std.

465 m/465 m

1.086-1.470 m

Steinmännchen, rot-weiße Markierungen

Restaurant Aude (km 2,75), in Barruera, Durro und Boí gibt es weitere Restaurants und Bars abseites des Wegs (z. B. Hotel Fondevilla in Boí). Am Ortsausgang von Boí ist ein Brunnen (km 7,5).

In den Ortschaften und insbesondere vor den Kirchen gibt es schöne Rastplätze und Bänke (km 2,75 und km 6,1). Aber auch auf dem GR 11.20 zwischen Durro und Boí gibt es aussichtsreiche Stellen, an denen Sie auf großen Steinen rasten können (km 3,75, km 4 und km 4,1). An einem Aussichtspunkt schon recht nahe an Boí können Sie gut nahe einer Übersichtstafel über die umliegenden Gipfel rasten (km 5,25). Am Ortseingang von Boí, gleich bei einem Kinderspielplatz, befinden sich ein Brunnen und Bänke (km 7,5).

Sie können an mehreren Stellen im Fluss Noguera de Tor baden (km 9 bis km 10), aber wie immer bei Flüssen gilt: Vorsicht vor plötzlichem Anschwellen und Strudeln!

Die Tour ist für Kinder abwechslungsreich und gut machbar. Am Ortseingang von Boí gibt es einen schönen kleinen Spielplatz. Sie sollten jedoch die Kids im Auge behalten, denn manche Aussichtspunkte und stellenweise auch der Weg sind ausgesetzt.

Für Hunde ist der Weg sehr gut geeignet, in den Ortschaften gibt es Brunnen und außerdem finden sich Viehtränken auf dem Weg. Die Tour ist in der peripheren Schutzzone, es herrscht hier Leinenpflicht.

P Parkplatz in Barruera an der Hauptstraße

Anreise mit dem Bus bis Pont de Suert, dann Weiterfahrt mit dem Nationalparkbus (nur im Sommer) bis Barruera oder Boí, verkehrt vom 21. Juni bis 30. Sept. zweimal täglich zwischen Sort und Taüll (Pla de l'Ermita) und umgekehrt, ☏ +34-973 69 61 89, Fahrplan zum Download unter http://parcsnaturals.gencat.cat und www.alsa.es

Wer nicht so weit und vor allem relativ eben gehen möchte, kann den wunderschönen und aussichtsreichen Abschnitt zwischen Boí und Durro gehen.

☺ Auf der Seite der UNESCO finden sich Informationen zum Weltkulturerbe Vall de Boí: http://whc.unesco.org/en/list/988.

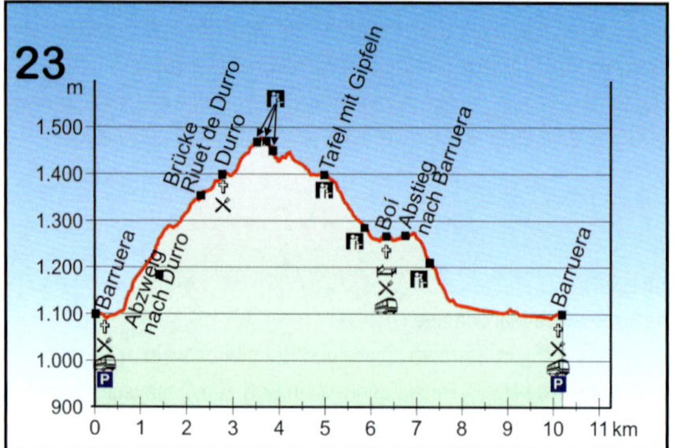

Die Tour durch das Vall de Boí startet im Talgrund, nämlich im Ortskern von Barruera auf der Höhe der Kirche Sant Feliu, die etwas unterhalb der Hauptstraße liegt.

✞ Sant Feliu de Barruera, Carrer Església 1, Barruera, 1. April bis 29. Okt. und 30. Nov. bis 31. Dez. 10:00-14:00

Sie umrunden die ✞ Weltkulturerbe-Kirche Sant Feliu de Barruera aus dem 11. Jahrhundert, deren Apsis besonders schöne, lombardische Verzierungen aufweist.

Hinter der Kirche laufen Sie über ein Holzbrückchen über den Fluss Noguera de Tor. Sie gehen einige Meter nach links den Fluss entlang bis zur Brücke, über die die Autos die Flussseite wechseln, und folgen dann der Straße Richtung Durro für rund 200 m. Dann führt Sie ein Pfad nach rechts ab, dem Schild nach Durro folgend. Dies ist der historische Verbindungsweg nach Durro, dem Sie nun bis zum Erreichen des Ortsrands und der ✞ Kirche La Nativitat folgen.

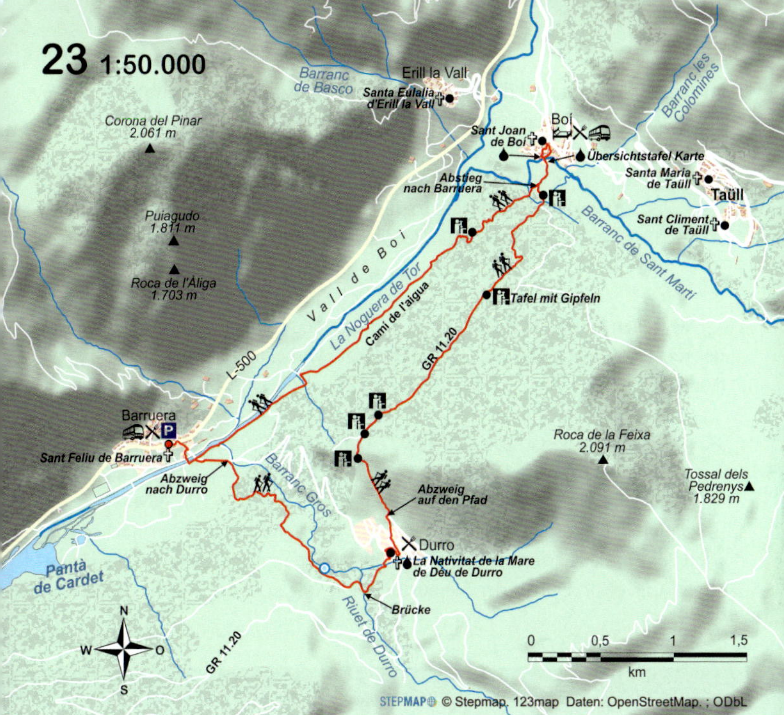

Dabei steigt der Weg oberhalb des Barranc Gros, auch Barranc de Durro genannt, auf. Der Laubwald hier ist in den Herbstmonaten außerordentlich schön. Auf etwa 1.300 m Höhe befindet sich eine Quelle am Wegrand. Der Pfad stößt dann auf einen größeren Weg, dem Sie nach links folgen. Die Schlucht Barranc Gros und das Bächlein Riuet de Durro überqueren Sie kurz vor dem Ort über eine kleine Brücke. Dann macht der Weg eine Biegung nach links und führt gen Nordosten zum Ort. Am Ortseingang halten Sie sich links und erreichen sogleich die Kirche.

✞ Die Kirche La Nativitat de la Mare de Déu de Durro, wie die im Jahr 2000 ebenfalls zum Weltkulturerbe erklärte Kirche in ganzer Länge heißt, hat ein besonders schönes Portal, das Sie über den Hof bzw. ehemaligen Friedhof erreichen. Vom ikonografisch besonders interessanten Altar ist nur das Abbild der Muttergottes erhalten und im Museu Nacional d'Art de Catalunya in Barcelona zu sehen. Der Mittelteil des Altars mit der Christusdarstellung verbrannte 1936, ist aber auf Fotografien überliefert. Der Turm der Kirche, im lombardischen Stil gebaut, ist der größte im Vall de Boí.

♦ La Nativitat de la Mare de Déu de Durro, Ecke C/ Saraís (auch Avg. Durro) und C/ de l'Ésglesia, Durro, 14. Mai bis 16. Okt. und über die Weihnachtsfeiertage 16:00-19:00, im Juli und Aug. 16:00-20:00. An der Kirche befindet sich ein Trinkwasserbrunnen.

Sie gehen hinter der Kirche rechts in die C/ de l'Ésglesia, dann gehen Sie wieder rechts zur Plaça Major, an einem Parkplatz vorbei und bis zum Restaurant Aude.

Restaurant/Hostal Aude, C/ Saraís 22, Durro, ☏ +34-973 69 41 39, www.hostalaude.cat, Di bis So 9:00-22:00

Hinter dem Restaurant gehen Sie nach links und dann gleich noch einmal nach links in die Carrer de Sant Quirc. Sie stoßen in einer Kurve auf die Hauptstraße Carrer de Durro, der Sie aus dem Ort folgen. Dort, wo die Straße eine

Zwischen Boí und Durro

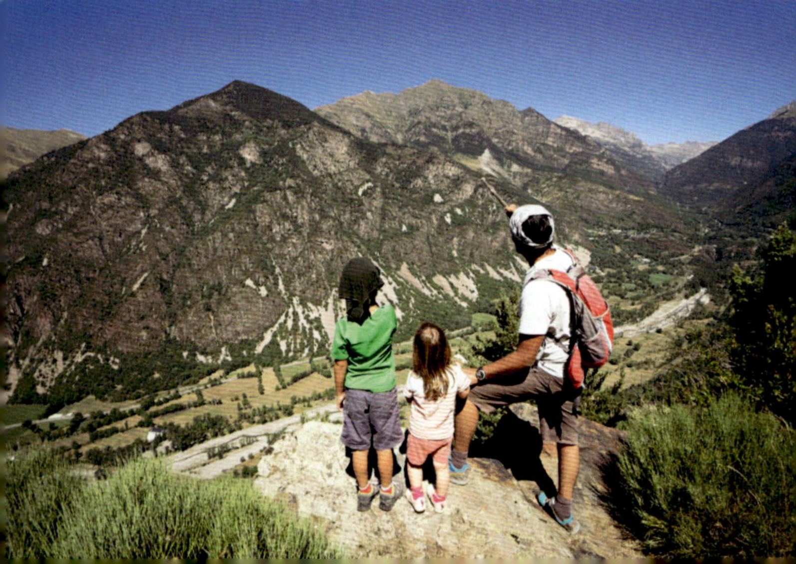

scharfe Rechtskurve macht (oberhalb des Orts), folgen Sie den Wegweisern nach Boí und einem mit rot-weißen Markierungen versehenen Pfad, dem Fernwanderweg GR 11.20, nach links (Norden). Sie wandern auf diesem nun oberhalb des Boí-Tales bis zum Ort Boí. Es geht zunächst stetig leicht bergauf. Dabei kommen Sie an zahlreichen fantastischen Aussichtspunkten vorbei, an denen Sie auf großen Steinen sitzend rasten können. Besonders schön sehen Sie hinüber auf den Ort Erill la Vall, der ebenfalls eine berühmte Kirche beherbergt.

An einem Aussichtpunkt schon recht nahe an Boí finden Sie eine Übersichtstafel über die umliegenden Gipfel.

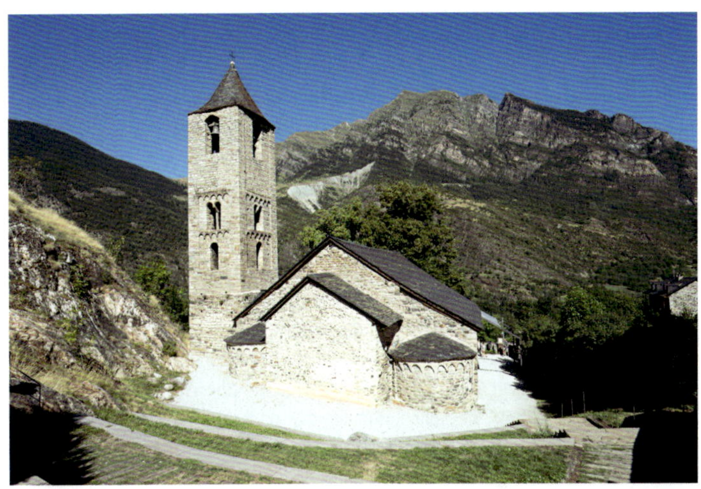

Sant Joan de Boí

Ab jetzt gehen Sie mit Sicht auf den malerischen Ortskern von Boí bergab. Sie passieren eine Weggabelung, an der Sie später über den Camí de l'Aigua hinab nach Barruera gehen werden. Zunächst gehen Sie aber geradeaus weiter, denn die ausgiebige Besichtigung des Orts Boí und der Weltkulturerbekirche Sant Joan de Boí ist geradezu obligatorisch. Kurz vor dem Ort gibt Ihnen eine Informationstafel eine Übersicht über die Umgebung. Am Ortseingang, gleich bei einem Kinderspielplatz, befinden sich ein Brunnen und Bänke. Hinter dem Spielplatz überqueren Sie ein Brückchen und gehen geradeaus in die Gasse und gleich wieder rechts bis zur Kirche Sant Joan de Boí, die aus dem

11. Jahrhundert stammt. Gegenüber der Kirche befindet sich das Besucherzentrum des Nationalparks.

✟ Sant Joan de Boí, ganzjährig, 10:00-14:00 und 16:00-19:00, Juli und Aug. bis 20:00

⌘ Casa del Parc Boí: Ca de Simamet, C/ de les Graieres 2, 25528 Boí, ☏ + 34-973 69 61 89, FAX +34-973 69 61 54, www.vallboi.cat/ca/la-casa-del-parc, 9:00-14:00 und 15:30-17:45, im Winter an Wochenenden geschlossen

Wenn Sie nun an der Kirche der Hauptstraße C/ de Taüll (L501) nach links folgen, gelangen Sie zum Hotel/Restaurant Fondevilla.
Hotel Fondevilla, Carretera Taüll 2, 25528 Boí, ☏ +34-973 69 66 00, 9:00-22:00

☺ Es lohnt sich auch ein Bummel durch die alten Gassen bis zu den Ruinen der romanischen ✟ Kirche Sant Pere de Boí.

Nun kehren Sie zurück zum Brückchen. Sie folgen dem Weg, auf dem Sie gekommen sind, rund 200 m zurück Richtung Durro. Dann gehen Sie an der Weggabelung statt zurück nach Durro über den Camí de l'Aigua, den „Weg des Wassers“, hinab nach Barruera. Unten im Tal halten Sie sich an der Weggabelung links (Sie können aber genauso gut rechts gehen, denn die Wege führen kurz darauf wieder zusammen). Sie sehen nun an der nächsten Weggabelung rechter Hand die erste Brücke über den Fluss Noguera de Tor. Allerdings halten Sie sich weiter diesseits des Flusses und gehen immer parallel zu diesem, wobei Sie zwei Abzweigungen nach links ignorieren. Zuletzt stoßen Sie wieder auf den Hinweg, der Sie über die Holzbrücke zurück nach Barruera führt.

⌘ Im Centre del Ròmanic de la Vall de Boí in Erill la Vall wird ein Überblick über das Weltkulturerbe des Vall de Boí gegeben. Dies ist auch die Kontaktadresse für alle Kirchen im Tal.

♦ Centre del Ròmanic de la Vall de Boí, C/ del Batalló 5., 25528 Erill la Vall, ☏ +34-973 69 67 15, info@entreromanic.com, www.centreromanic.com

24 Taüll - Cabdella

Tour für Naturliebhaber

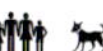

Die Tour verbindet die beiden so unterschiedlichen Zugangstäler des Nationalparks, Vall de Boí und Vall Fosca. Sie führt über den Hochgebirgspass Port de Rus und dann, vorbei an einem eindrucksvollen Wasserfall, über einen alten Saumpfad hinab ins Dorf Cabdella (auch Capdella geschrieben). Mit dem Taxi können Sie wieder zum Ausgangsort zurückkehren.

- → Start: Pla de l'Ermita, GPS N 42°30.649' E 000°51.818', Ziel: Bushaltestelle in Cabdella, GPS N 42°28.435' E 000°59.429'
- 16,5 km
- 4 Std.
- ↑↓ 975 m/1.217 m
- ⇧ 1.418-2.620 m
- Steinmännchen, rot-weiße Markierungen des Fernwanderweg GR 11.20
- keine Einkehrmöglichkeiten direkt am Weg, aber in Taüll, Brunnen Font de Pigolo in Cabdella (km 16,5)
- Zum Rasten bieten sich der Port de Rus (km 7,5) und das Ufer am Wasserfall (km 11,5) an. Allerdings befinden sich dort keine Bänke, sondern nur Steinblöcke.
- Das Baden ist in der umliegenden Schutzzone des Nationalparks nicht empfohlen.

Port de Rus

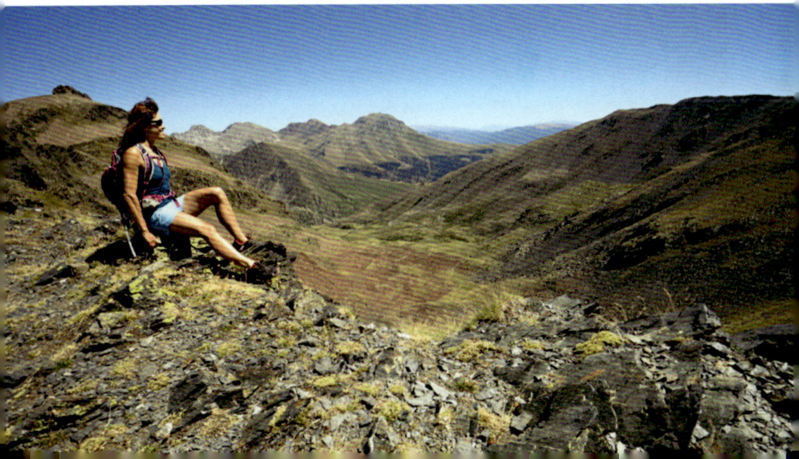

Die Tour ist nur für ältere, wandererfahrene Kinder machbar.

Für Hunde ist der Weg aufgrund des Schotters vor und nach dem Port de Rus nur bedingt geeignet. Die Tour führt durch die periphere Schutzzone des Nationalparks. Dort herrscht Leinenpflicht.

Parkplatz Pla de l'Ermita oberhalb von Taüll

Anreise mit dem Nationalparkbus ab Pont de Suert oder Pla de l'Ermita, verkehrt vom 21. Juni bis 30. Sept. zweimal täglich zwischen Sort und Taüll (Pla de l'Ermita) und umgekehrt, ☏ +34-973 69 61 89, Fahrplan zum Download unter http://parcsnaturals.gencat.cat und www.alsa.es. Vom Ziel in Cabdella gibt es eine Busanbindung nach Pobla de Segur, der Bus fährt aber nur morgens um 8:00 (Fahrpläne auf www.vallfosca.net).

Für die Rückfahrt zum Startpunkt bietet es sich an, ein Taxi zu nehmen: Taxi 4×4 C. Moyes (☏ +34-649 44 21 81) oder Taxi 4×4 R. Afonso (☏ +34-609 80 49 76).

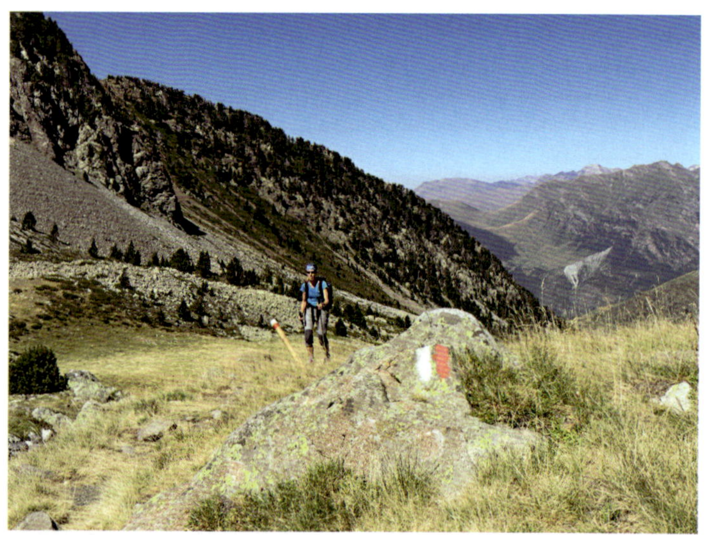

Aufstieg zum Port de Rus

Die Tour startet oberhalb des Ortsteils Pla de l'Ermita, oberhalb von Taüll, an einem der Parkplätze entlang der Straße. Sie folgen dann dem mit rot-weißen Wegzeichen markierten Pfad, der links von der Straße abgeht. Er führt entlang

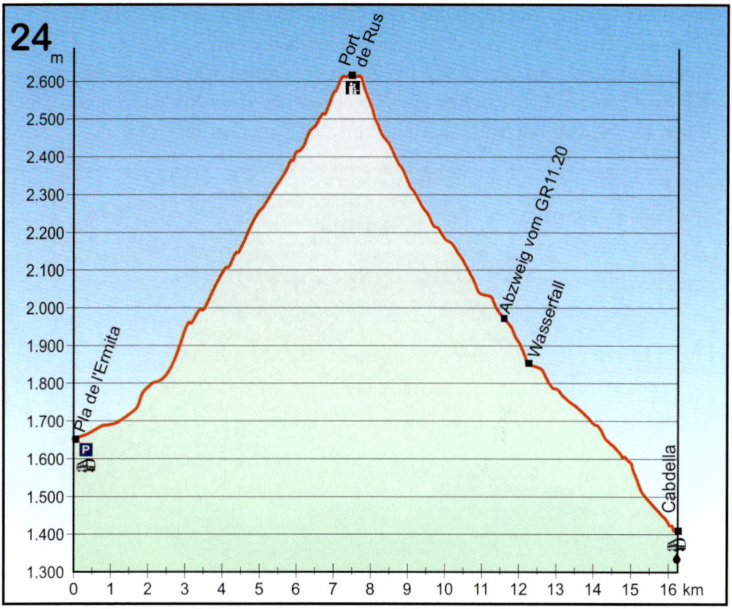

24

m
2.600
2.500
2.400
2.300
2.200
2.100
2.000
1.900
1.800
1.700
1.600
1.500
1.400
1.300
0 1 2 3 4 5 6 7 8 9 10 11 12 13 14 15 16 km
Pla de l'Ermita
Port de Rus
Abzweig vom GR11.20
Wasserfall
Cabdella

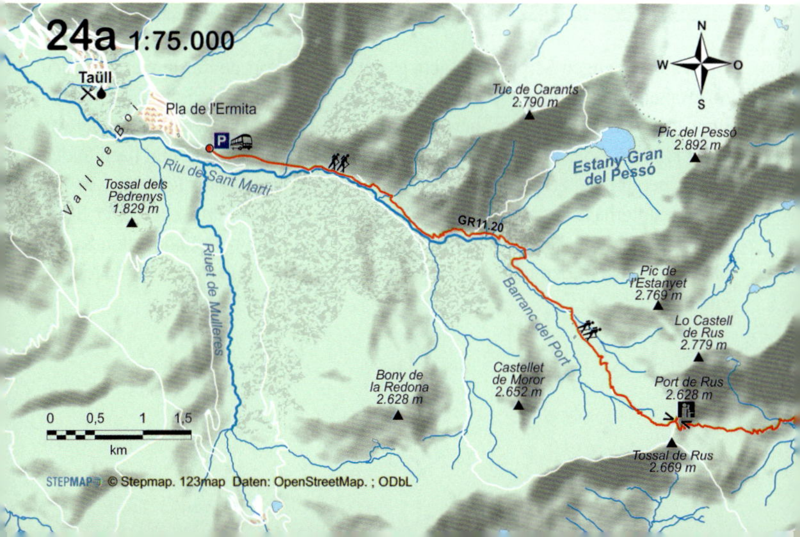

24a 1:75.000

Taüll
Pla de l'Ermita
Vall de Boí
Riu de Sant Martí
Tossal dels Pedrenys 1.829 m
Riuet de Mulleres
Tuc de Carants 2.790 m
Estany Gran del Pessó
Pic del Pessó 2.892 m
GR11.20
Barranc del Port
Pic de l'Estanyet 2.769 m
Lo Castell de Rus 2.779 m
Port de Rus 2.628 m
Tossal de Rus 2.669 m
Castellet de Moror 2.652 m
Bony de la Redona 2.628 m
N W O S
0 0,5 1 1,5 km

des Baches Riu de Sant Martí durch ein lichtes Wäldchen, über mehrere Wasserläufe und dann über offene Wiesenflächen beständig bergauf. Das Gras geht in steinigen Untergrund über. Zuletzt geht es über groben Schotter auf den kargen Pass Port de Rus. Von hier aus überblicken Sie das Gipfelpanorama beider Täler: Des Vall de Boí hinter Ihnen und des Vall Fosca vor Ihnen.

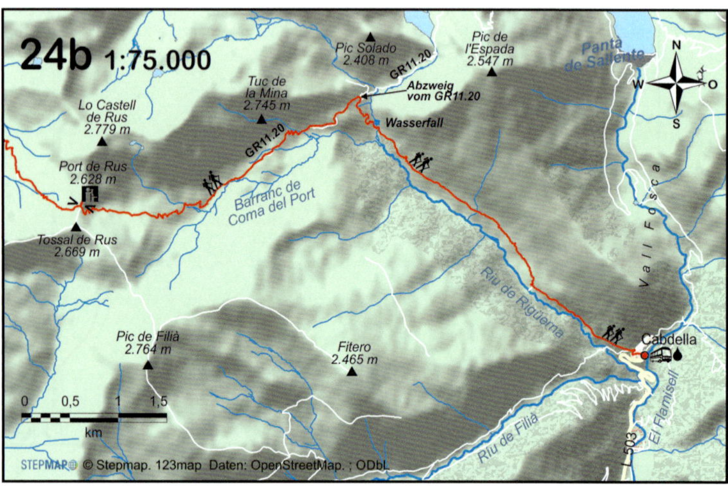

In steilen, engen Serpentinen geht es jenseits des Port de Rus immer noch den rot-weißen Markierungen folgend bergab. Sie verlieren schnell an Höhe, insgesamt fast 700 Höhenmeter, bevor Sie den rot-weiß markierten Fernwanderweg GR 11.20 an einer Weggabelung nach rechts verlassen. Es geht nun nach Süden weiter bergab bis zum eindrucksvollen Wasserfall des Riu de Rigüerna. In der Gumpe unterhalb des Wasserfalls können Sie sich herrlich erfrischen. Der Bergpfad geht bald über in einen mit Steinen und Mäuerchen befestigten alten Saumpfad und hinab in den hübschen Ort Cabdella, wo die Tour an der Bushaltestelle endet.

Pyrenäen II: Parc Natural de l’Alt Pirineu

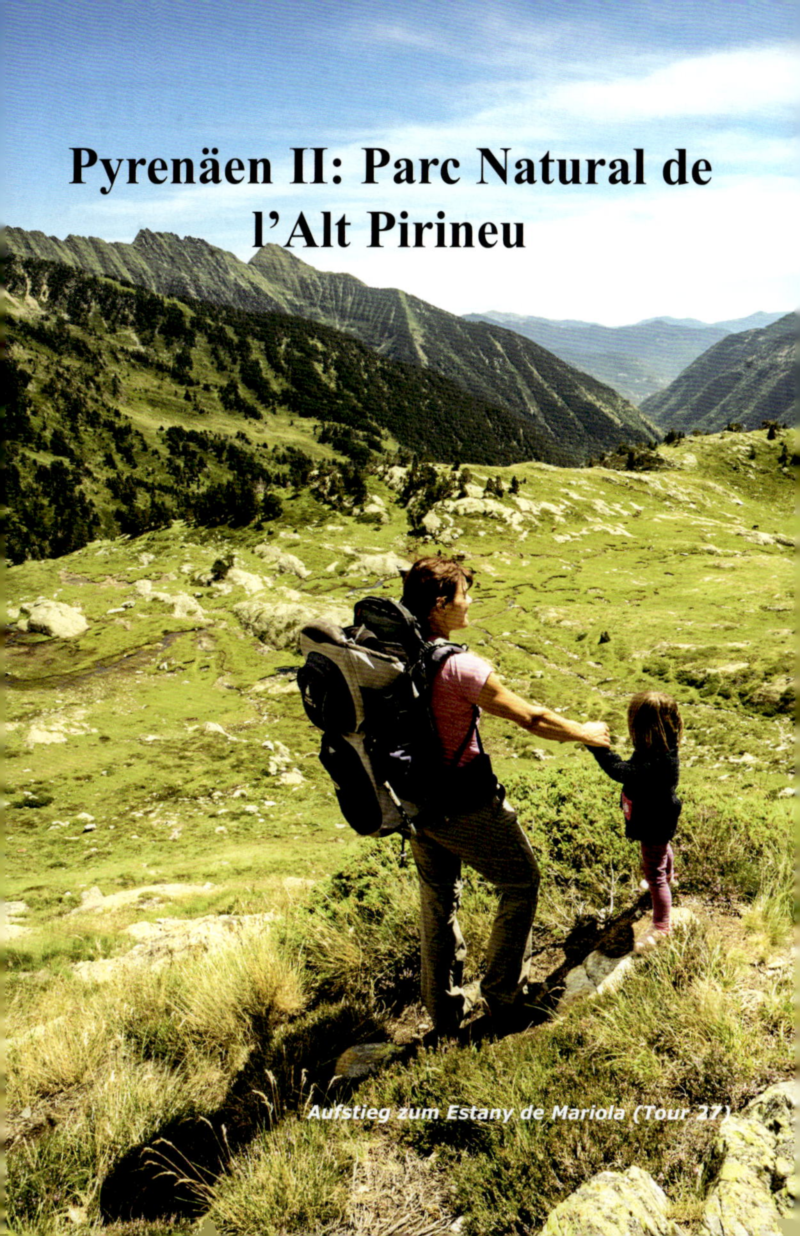

Aufstieg zum Estany de Mariola (Tour 27)

㉕ Pica d'Estats

Tour für Naturliebhaber und Sportliche

Der mit 3.143 m höchste Berg Kataloniens ist ein reiner Gehberg und weist bei guten Wetterbedingungen keine technischen Schwierigkeiten auf. Allerdings finden sich auf dem Abschnitt auf der Nordseite zwischen dem Port De Sotllo und dem Col De Riufret noch bis spät ins Jahr hinein Schneefelder und auch im Sommer Eisplatten und Schneereste. Im Frühjahr und Frühsommer sollten Steigeisen für den Notfall im Rucksack sein. Vom Gipfel, der zwar im spanisch-katalanischen Landkreis Pallars Sobirà, aber nahe der französischen Ariège liegt, haben Sie einen kompletten Überblick über die katalanischen Pyrenäen, sowohl auf der spanischen als auch der französischen Seite.

Start/Ziel: zwei große Parkplätze im Abstand von 50 m unterhalb des Refugi de Vallferrera, GPS N 42°37.423' E 001°23.042'

19 km

7 Std.

1.770 m/1.770 m

1.817-3.141 m

Steinmännchen, gelbe Markierungen

Refugi de Vallferrera (km 0,9 und km 18,1), Brunnen vor dem Refugi

Am Refugi de Vallferrera (km 0,9 und km 18,1). Keine Bänke, aber schöne Plätze gibt es am Estany de Sotllo (km 4,5 und km 14,5) und Estany d'Estats (km 5,9 und km 13,1), wo Sie auf großen Steinblöcken sitzend gut rasten können.

In den Bergseen ist das Baden nicht empfohlen, da das empfindliche Ökosystem gestört werden kann.

Die Tour ist nur für ältere, wandererfahrene Kinder machbar.

Für Hunde ist der Weg aufgrund der Steilheit und Ausgesetztheit nicht geeignet.

Parkplatz am Ausgangspunkt. Sie erreichen diesen am Ende einer 11 km langen Schotterpiste, die von Àreu aus kommt.

keine Anreise mit Bus oder Bahn möglich

Erfragen Sie im Vorfeld die Bedingungen auf der Nordseite der Pica d'Estats – eventuell können Steigeisen nötig sein: ☏ +34-973 62 13 89.

Am Ende des zweiten Parkplatzes, wo die Wanderung beginnt, ist das Schottersträßchen mit einer Kette abgesperrt. Hier gehen Sie entweder noch ein Stück

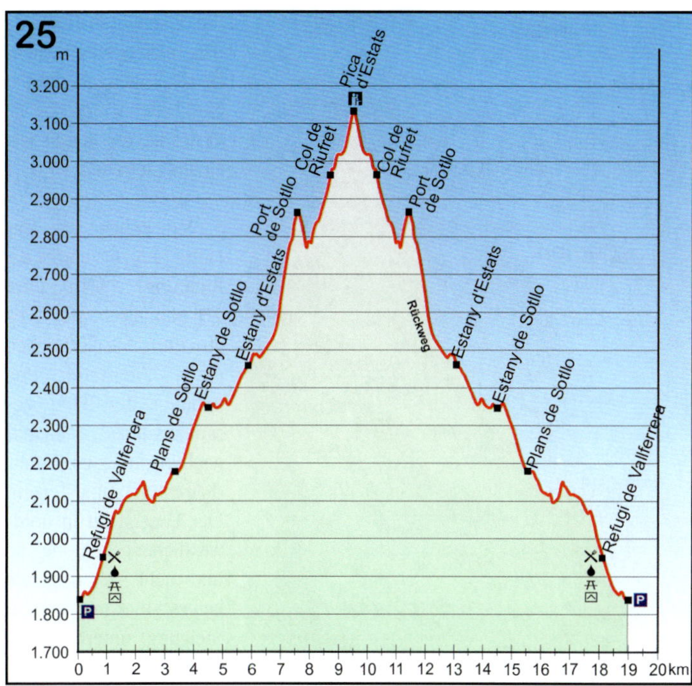

der Schotterstraße entlang oder kürzen auf einem Pfad ab. Kurz darauf weist ein Schild (Refugi de Vallferrera/ Pica d'Estats) den Weg nach links unten und über ein Flüsschen. Nach etwa 10 Min. erreichen Sie die Schutzhütte Refugi de Vallferrera.

Refugi de Vallferrera, ☏ +34-973 62 13 89 (Tal) und +34-973 62 32 30 (Hütte), Juni bis Mitte September bewirtschaftet, außerhalb dieser Jahreszeit nur an manchen Wochenenden und Feiertagen bei guter Witterung Einkehr möglich, Winterraum zum Übernachten, Notruftelefon (auch zugänglich, wenn die Hütte verschlossen ist). Vor der Hütte können Sie an einem Brunnen die Wasserflaschen auffüllen.

Das letzte Tal vor Andorra, das Vall Ferrera, ist das engste und das östlichste Tal der Region Pallars. Es hat seinen Namen von dem Wort „ferro", katalanisch

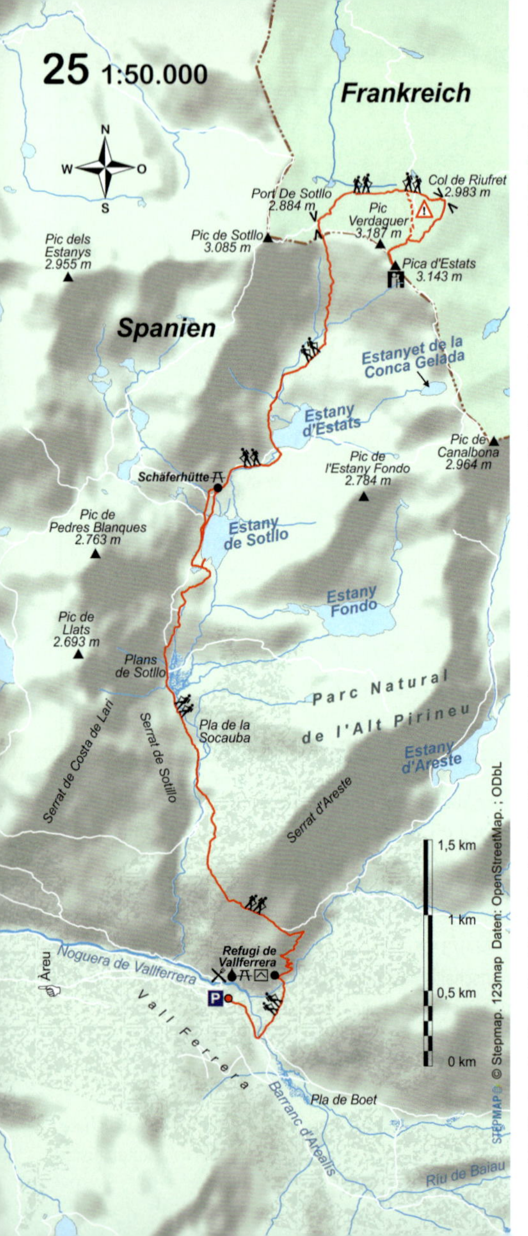

für Eisen, erhalten, da dies hier über Jahrhunderte abgebaut wurde. Geschaffen wurde das Tal in der letzten Eiszeit von einem Gletscher.

Sie gehen von der Hütte aus in nördlicher Richtung. Nach etwa 10 Min. flacht der Weg ab und Sie erreichen einen Wegweiser. Sie nehmen den Pfad geradeaus/links, anstatt nach rechts zum Estany d'Areste aufzusteigen. Der Weg steigt in nordwestlicher Richtung an und zieht sich dann ein langes Stück mit geringer Steigung unterhalb der sogenannten Serrat d'Areste hin. Auf diesem Wegabschnitt haben Sie eine wunderbare Aussicht auf den Wiesengrund Pla de Boet und seine mäandernden Bäche, die Gipfel des Circ de Baiau und Andorras.

Dann führt Sie der Weg über einen felsigen Vorsprung, an dem ein wenig gekraxelt werden muss, und ein kleines Stück bergab in das Tal-

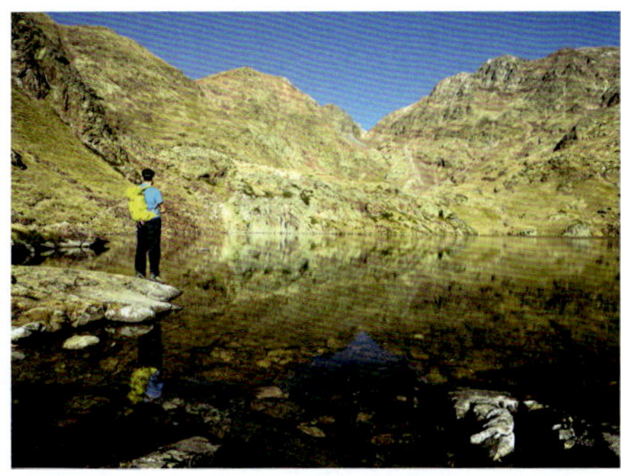

Am Estany Sotllo

ende unterhalb der Pica d'Estats, an dessen Ende Sie den Gipfel bereits erkennen. Stetig geht es nun in nördlicher Richtung bergauf. Dabei queren Sie zuerst den Talgrund Pla de la Socauba, wo einige Holzstege über dem gelegentlich morastigen Untergrund angebracht wurden, dann die Plans de Sotllo, mit dem gleichnamigen See.

Am Bergsee Estany de Sotllo lässt es sich vorzüglich rasten. Am Nordende des Sees bietet eine kleine Schäferhütte, etwa 50 m rechts des Wegs, auch Schutz vor widrigem Wetter.

Sie halten sich am Nordende des Sees gen Norden. Ob Sie allerdings den Wegspuren etwas weiter links oder weiter rechts folgen, ist egal. Ignorieren müssen Sie jedoch einen schmalen Pfad, der nach links in westlicher Richtung abgeht.

Sie überwinden eine Geländestufe und erreichen den Estany d'Estats. Hier sind Sie dem legendären Gipfel, der sich oft im See spiegelt, schon ganz nah. Der Weg geht am Westende des Sees entlang. Über den Pfad nach rechts, südlich des Sees entlang, kämen Sie zum Estanyet de la Conca Gelada.

Jetzt wird das Gelände immer felsiger und die Vegetation geht zurück. Auf einer kleinen Kuppe steht ein Sendemast mit einem Satellitentelefon, von dem aus Sie ein Notfallsignal absetzen können. Dann geht es in extrem steilen Serpentinen durch schroffes Gelände bis auf den Pass Port de Sotllo. Linker Hand liegt nun der Pic de Sotllo und rechter Hand der Pic Verdaguer, ein Vorgipfel der Pica d'Estats.

↳ Nach rechts führt jetzt eine Abkürzung auf den Gipfel via des Gipfelgrats. Diese Variante ist allerdings sehr ausgesetzt und es sind einige Kletterstellen (Schwierigkeitsgrad maximal II.) zu überwinden. Daher empfiehlt sich der längere Normalweg.

Der Weg führt auf der Nordseite Richtung Frankreich ab und dann wieder hinauf zum Pass Coll de Riufred, wo er wieder zurück auf die spanische Seite der Grenze gelangt.

Dieser Abschnitt auf der Nordseite kann bis in den Spätsommer Eis- und Schneereste aufweisen! Im Frühjahr und Frühsommer können sogar Steigeisen nötig sein.

Sie müssen den Pass nicht zwingend erklimmen, sondern können auch auf einem direkten Pfad rechts unterhalb laufen.

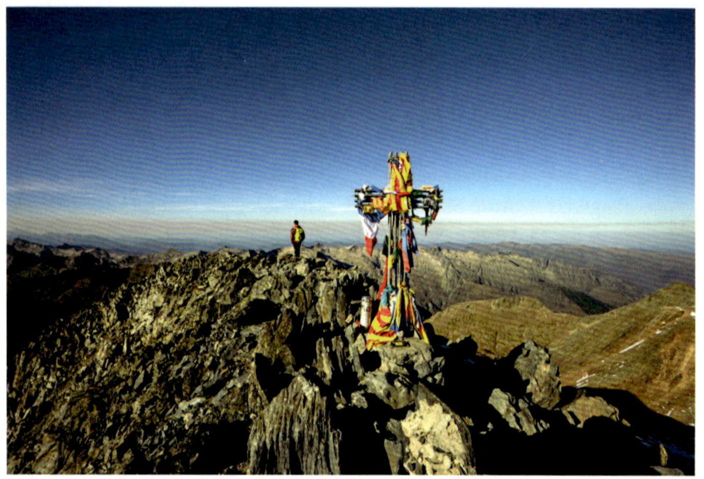

Auf dem Gipfel

Der Hauptpfad zieht sich bis auf den Pass hinauf und dann nach rechts. Am Gipfelgrat zwischen Pic Verdaguer und Pica d'Estats läuft er mit dem Weg der Variante zusammen. Für die letzten 20 bis 30 Höhenmeter müssen Sie eventuell noch einmal die Hände zur Hilfe nehmen. Dann jedoch haben Sie das „Dach Kataloniens" und einen der besten Aussichtsgipfel der Pyrenäen erreicht. Der Abstieg erfolgt auf demselben Weg zurück zum Ausgangspunkt.

⌘ In Àreu lohnt sich der Besuch des alten Sägewerks inklusive der Mühle, die heute ein Holzmuseum beherbergen.

♦ Serrería de Àreu, Museu Nacional de la Ciència i la Tècnica de Catalunya, La Força d'Àreu - Vall Ferrera, ☏ +34-973 62 44 17/05, www.serradora-areu.org

26 Estany de Mascarida und Estany del Diable

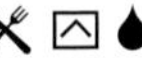

Tour für Naturliebhaber

Auf dieser Tour können Sie die Landschaft lesen, wie ein Geschichtsbuch. Die beiden Seen Estany de Mascarida und Estany de Diable sind Vermächtnisse der letzten Eiszeit. Selten können Sie so gut die Gletscherbewegungen nachvollziehen wie an den Felskesseln des Parc Natural del Alt Pirineu. Doch Sie sollten den Blick nicht nur in die Ferne, sondern auch auf den Boden richten: Sie gehen durch eine botanische Schatzkammer mit unzähligen winzigen Orchideen, Enzianen, Pyrenäen-Disteln und -Astern. Fast 150 Pflanzenarten der Pyrenäen sind endemisch, sie wachsen also nur hier. Auf dieser und der folgenden Tour können Sie einige davon entdecken.

⇆ Start/Ziel: Skigebiet Tavascan/Refugi de la Pleta de Prat, GPS N 42°40.712' E 001°13.224'

6,8 km

2 Std. 15 Min.

↑↓ 631 m/631 m

1.695-2.325 m

Steinmännchen, blaue, rote und gelbe Markierungen

Einkehrmöglichkeit und Brunnen am Refugi de la Pleta del Prat (km 0 und km 6,8)

Es gibt keine Bänke, aber an den Seen (km 3,1, km 3,4 und km 3,6) können Sie auf großen Steinblöcken sitzend gut rasten.

In den Bergseen ist das Baden nicht empfohlen, da das empfindliche Ökosystem gestört werden kann.

Die Tour ist für wandererfahrene Kinder gut machbar.

Für Hunde ist der Weg geeignet. Es gibt ausreichend Wasser. Es herrscht Leinenpflicht.

P Parkplatz des Skigebiets Tavascan/Refugi de la Pleta de Prat, den Sie über eine Fahrstraße von Tavascan kommend erreichen.

von Llavorsí nach Tavascan, Mo, Mi, Fr um 15:00 und Di, Do um 10:15, von Tavascan nach Llavorsí Mo-Fr um 7:10, Busunternehmen Gabriel, ☏ +34-973 62 31 09; in Llavorsí Anschluss an den Nationalparkbus und nach Sort, www.alsa.es. Von Tavascan aus können Sie ein Jeep-Taxi zum Ausgangspunkt nehmen, Taxis Pey, ☏ +34-973 62 31 18.

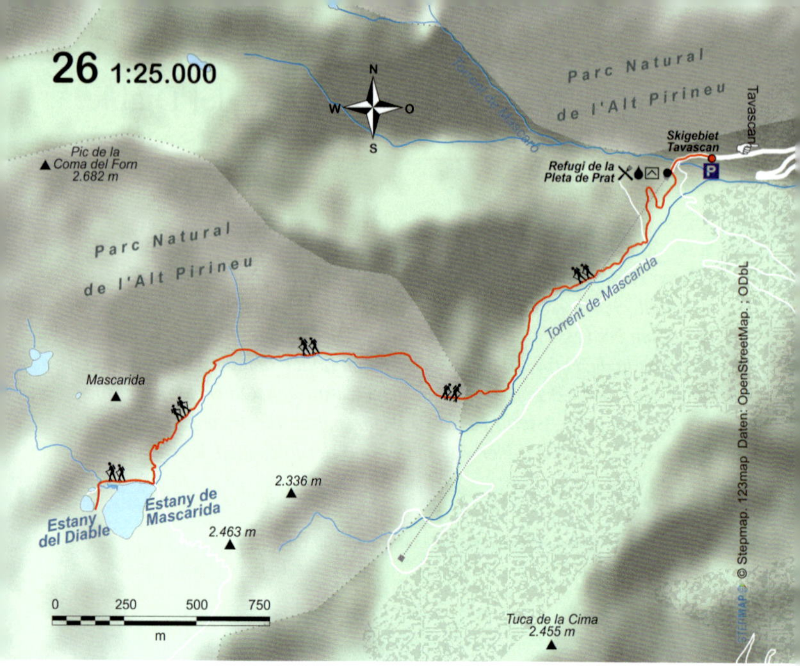

26 1:25.000

Parc Natural de l'Alt Pirineu

Pic de la Coma del Forn 2.682 m

Skigebiet Tavascan

Refugi de la Pleta de Prat

Tavascan

Torrent de Mascarida

Mascarida

Estany de Mascarida

Estany del Diable

2.336 m

2.463 m

Tuca de la Cima 2.455 m

0 250 500 750 m

© Stepmap. 123map Daten: OpenStreetMap : ODbL

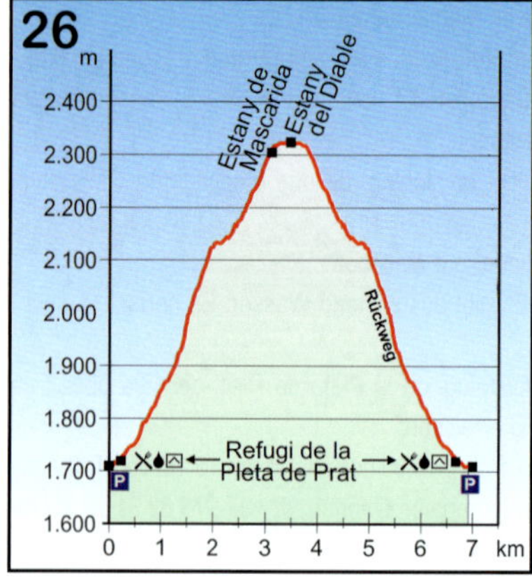

Sie starten die Tour am Parkplatz des winzigen Skigebiets Tavascan direkt unterhalb der ✕ ⌂ Schutzhütte Refugi de la Pleta Del Prat.

✕ ⌂ Refugi de la Pleta del Prat, Carretera Pleta del Prat, km 10, 25577 Tavascan, ☎ +34-605 64 59 56, ganzjährig 8.30-15:00, auch Übernachtung möglich

Hier ist der Estany de Mascarida bereits ausgeschildert. Sie gehen zunächst auf einem guten Pfad rechter Hand des Baches Torrent de Mascarida bergan. Jenseits des Wasserlaufs verläuft die Skipiste, die Sie aber bald hinter sich lassen, um teilweise auf steilen Abschnitten dem Pfad durch das liebliche Tal zu folgen. Üblicherweise grasen hier Wildpferde in großer Zahl.

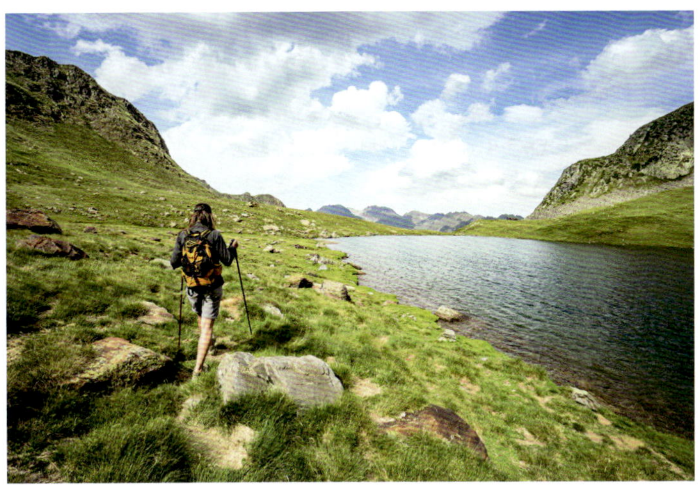

Estany de Mascarida

Hinter einer Geländestufe erahnen Sie bereits den Estany de Mascarida. Sie umranden ihn dann an seinem Nordufer und erreichen schließlich den kleineren Estany del Diable.

Wer auf eine der Anhöhen um den See herum hinaufsteigt, der wird von den beiden türkisfarbenen Seeaugen angeblickt, die als Reliquien der letzten Eiszeit am Grunde des von Gletschern geschaffenen Kessels liegen.

Sie gehen anschließend auf demselben Weg zurück.

27 Estany de Mariola

Tour für Naturliebhaber

Die Tour führt wie auch die vorangegangene in Felskessel mit Hochgebirgsseen wie sie für den Parc Natural del Alt Pirineu typisch sind. Erstaunlich ist das fast irische Grün der kargen Wiesen, auf denen große Gruppen von Pferden weiden.

- Start/Ziel: Parkplatz, GPS N 42°42.196' E 001°14.227'
- 5,8 km
- 1 Std. 30 Min.
- 384 m/384 m
- 1.895-2.273 m
- Steinmännchen, gelbe Markierungen
- keine Einkehrmöglichkeit, Quelle Font de la Costa (km 0,4 und km 5,4)
- Rastplätze am Estany Xic (km 1,5) und am Estany de Mariola (km 3)
- In den Bergseen ist das Baden nicht empfohlen, da das empfindliche Ökosystem gestört werden kann.
- Die Tour ist für wandererfahrene Kinder gut machbar, verläuft aber über Bergpfade. Viele Pferde, die auf den Weiden grasen, Murmeltiere und die vielen Tümpel und Teiche, in denen Sie Molche und Frösche entdecken können, machen die Tour zu einer sehr schönen Tour für Familien.
- Die Tour ist für Hunde gut geeignet – vor allem wegen der vielen Wasserstellen. Allerdings müssen sie angeleint werden.

Am Estany del Port

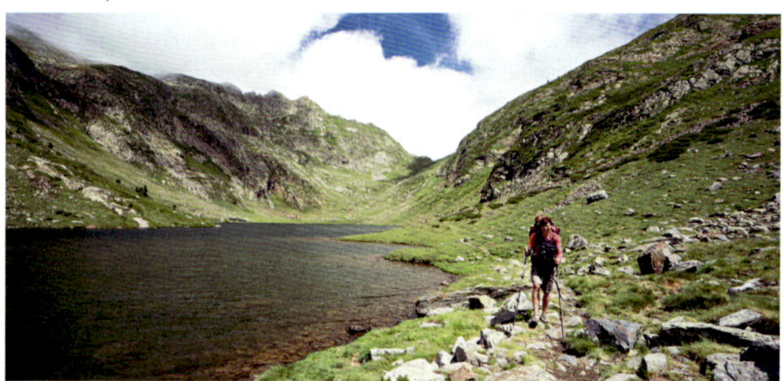

P Parkplatz am Startpunkt. Diesen erreichen Sie von Tavascan kommend über eine unbefestigte Straße, die nicht immer in gutem Zustand ist.

Bus: von Llavorsí nach Tavascan, Mo, Mi, Fr 15:00 und Di und Do 10:15, von Tavascan nach Llavorsí Mo-Fr 7:10, Busunternehmen Gabriel, ☏ +34-973 62 31 09; in Llavorsí Anschluss an den Nationalparkbus und nach Sort, 💻 www.alsa.es

Auto: Von Tavascan aus können Sie ein Jeep-Taxi zum Ausgangspunkt nehmen: Taxis Pey, ☏ +34-973 62 31 18.

Sie starten die Tour an einem kleinen Parkplatz am Ende einer holperigen Fahrstraße, die aus Tavascan kommt. Sie nehmen den zunächst recht breiten Wanderweg, der eine Fortsetzung des Sträßchens ist. Von hier aus erkennen Sie bereits die Landschaftsstufe, auf der sich der Estany Xic bzw. der Estany del Port verbirgt. Es handelt sich um zwei Seen, die so eng beieinander liegen, dass sie während der Schneeschmelze zu einem verwachsen sind.

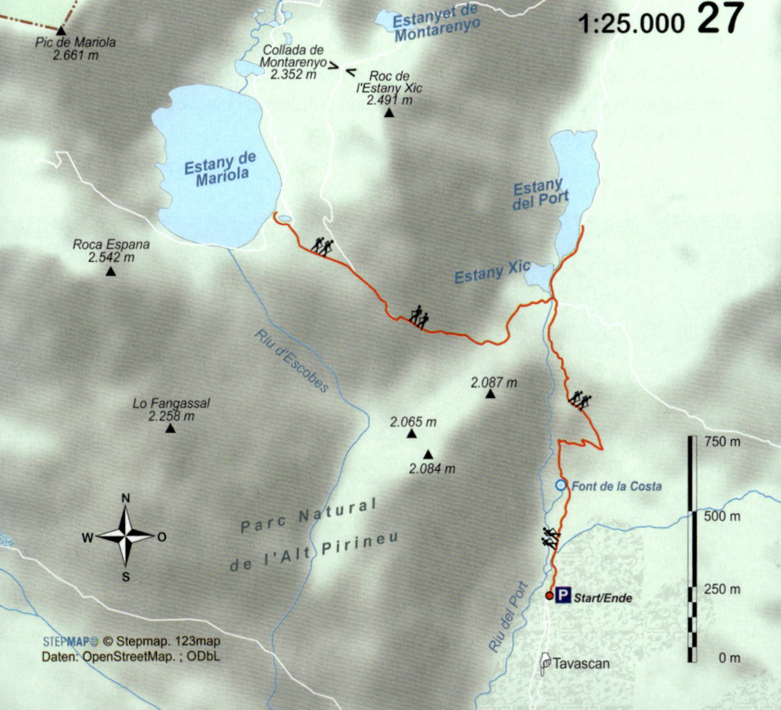

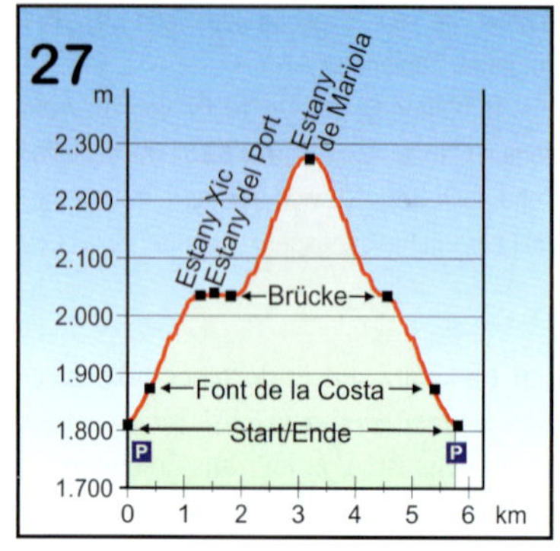

Sie halten sich immer auf der Ostseite des Flüsschens Riu del Port und gehen an großen Gruppen weidender Pferde vorbei. An der Brücke gehen Sie zunächst geradeaus, anstatt sie zu überqueren, und erreichen gleich das erste Ziel, den Estany Xic.

Nun gehen Sie zurück zur Brücke und überqueren auf dieser den Fluss. Schenken Sie dabei Ihre Aufmerksamkeit unbedingt immer wieder den Details am Weg: eine winzige Orchidee, rot oder orange, ein kleiner Berglöwenzahn, winzige Veilchen. Kakteen von der Größe eines Fingernagels gruppieren sich zu Miniatur-Felsgärten. Der Weg führt vorbei an zahlreichen Tümpeln, in denen sich Frösche, der seltene Pyrenäenmolch und sogar Fische tummeln. Auf Steinen überqueren Sie manch einen Wasserlauf und erreichen schließlich den Estany de Mariola, der sich wie ein Halbmond in den Kessel der umliegenden Gipfel einpasst. Sie gehen dann auf demselben Weg zurück, sparen sich allerdings den Abstecher zum Estany Xic.

Eine Brücke unterhalb vom Estany Xic

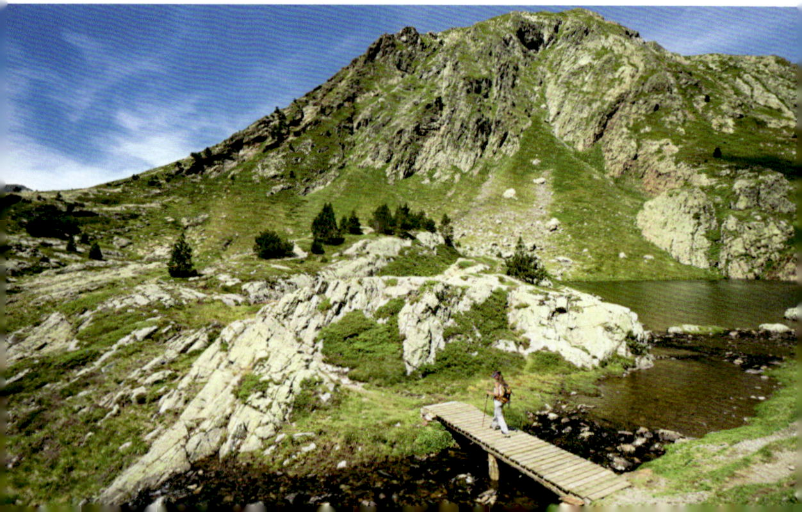

28 Farrera - Burg

Tour für Naturliebhaber und Kulturinteressierte

Das Dorf Farrera war einst verlassen und verfallen. Heute jedoch strahlt es als eines der hübschesten Pyrenäendörfer. Burg hingegen liegt wie hingetupft am Felshang des Tales. Vom höchsten Punkt der Tour, dem Pass Coll de So, überblicken Sie die Gipfelwelt des Nationalparks Aigüestortes i Estany de Sant Maurici.

Start/Ziel: Parkplatz am Ortseingang von Farrera, GPS N 42°29.852' E 001°16.334

9,5 km

2 Std. 45 Min.

662 m/662 m

1.269-1.909 m

Steinmännchen, Wegweiser

La Solana de la Coma de Burg (km 7,2), Brunnen in Burg (km 7,6)

Rastplätze in Farrera (km 0 und km 9,5) und Burg (km 7,6)

Die Tour ist für Kinder sehr gut machbar. In den engen Gassen der Dörfer mit Treppchen, durch kleine Tore und vorbei an teilweise halbverfallenen Gebäuden können sie viel Spannendes entdecken. Der Aufstieg auf den Coll de So ist für Kinder nur mäßig interessant.

Für Hunde ist der Weg gut geeignet. Sie können frei laufen, es gibt immer wieder Bäche, Wasserlöcher und Brunnen.

P Parkplatz am Ortseingang von Farrera bei den Recyclingtonnen, allerdings nur wenig Platz

Die Anreise mit dem Bus ist nur bis Llavorsí möglich, ab da müssten Sie mit den Taxi weiter zum Startpunkt fahren.

Die Tour kann zu einer langen Rundtour von 20 km, mit 1220 m An- und Abstieg und einer Gehzeit von 6 Std. und 20 Min. ausgeweitet werden. Sie besichtigen dabei alle Weiler und Orte des Tals: Tirvia (Start Carrer de la Colònia), Montesclado, Mallolis, Alendo, Farrera, die Kapelle Glorieta de Montesclado, den Pass Coll de So und zuletzt Burg mit der Kirche Sant Bartomeu de Burg. Den GPS-Track dazu können Sie sich auf der Internetseite des Verlags (www.conrad-stein-verlag.de) herunterladen.

Die Tour kann als kurze lange Variante (3,5 km, 45 Min.) gegangen werden. Dazu folgen Sie von Farrera aus dem verkehrsarmen, engen Sträßchen nach Burg und kommen dabei an einem großen Brunnen mit Sitzmöglichkeiten unter einem wunderschönen

Baum vorbei. Von Burg aus folgen Sie der Beschreibung der Haupttour zurück nach Farrera. Diese Tour ist für Kinder sehr gut machbar. Und selbst für geländegängige Buggys ist der Weg geeignet, lediglich der Saumpfad nach Farrera ist gelegentlich schmal und holperig.

↳ Als kurzer Spaziergang bietet sich von Tirvia aus ein Besuch der Kapelle Mare de Déu del Roser an.

Die Tour startet in Farrera mit einem Ortsrundgang.

⌘ In Farrera fand in den 70er-Jahren das „movimiento neorural", die „neue ländliche Bewegung", seine Anfänge. Städter zogen in die verlassenen, größtenteils verfallenen Pyrenäendörfer – teilweise als „Besetzer" oder aber mit Erlaubnis der einstigen Besitzer, wenn diese noch ausfindig zu machen waren – und bauten diese wieder auf. Die Härten des Landlebens, die in den 50er- und 60er-Jahren die Bergbevölkerung in die Städte getrieben hatte, unterschätzen jedoch viele der „Neoruralen". Zeitweise gab es auch Programme der Regionalregierungen, die diesen Wiederaufbau unterstützten.

Es war die Mischung aus Nostalgie und Utopie, die viele Menschen nach den dunklen Jahren der Franco-Diktatur an der neuen Lebensform reizte. So auch Claudi Cortés, der in dem Grenzgebirge zwischen Frankreich und Spanien das in Ruinen liegende Dorf fand. Er ließ sich weder von Schmugglern, die das Dorf als Lager nutzten, noch von den widrigen Bedingungen im Winter abschrecken und begann das Dorf Stein um Stein wieder aufzubauen. Andere folgten seinem Beispiel. Heute gilt Farrera als Musterbeispiel des gelungenen Wiederaufbaus. Es gibt ein Künstlerzentrum, in dem die Bewohner ihre eigene Kunst vermarkten, aber auch Ausstellungen und Festivals mit auswärtigen Künstlern organisieren.

Farrera

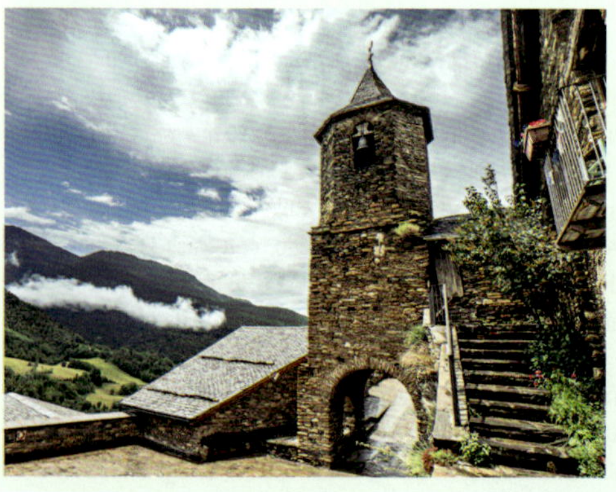

Am Ortseingang von Farrera, wo sich der winzige Parkplatz befindet, gehen Sie links bergan – und zwar nicht auf dem Fahrweg, sondern einem Wegweiser folgend rechts oberhalb des Fahrwegs. Am Wasserdepot des Orts führt etwas schwer erkennbar links ein Pfad vorbei, der nach kurzer Zeit in einen Fahrweg übergeht und diesen dann wieder nach links verlässt. Der Pfad geht erneut in den Fahrweg über, verlässt ihn aber in einer Kurve und vor einem kleinen Bach wieder nach links. Es geht nun zügig bergan an einem Brunnenhäuschen vorbei und entlang des alten Schmugglerpfads bis hinauf zum Coll de So, wo Sie die Gipfel

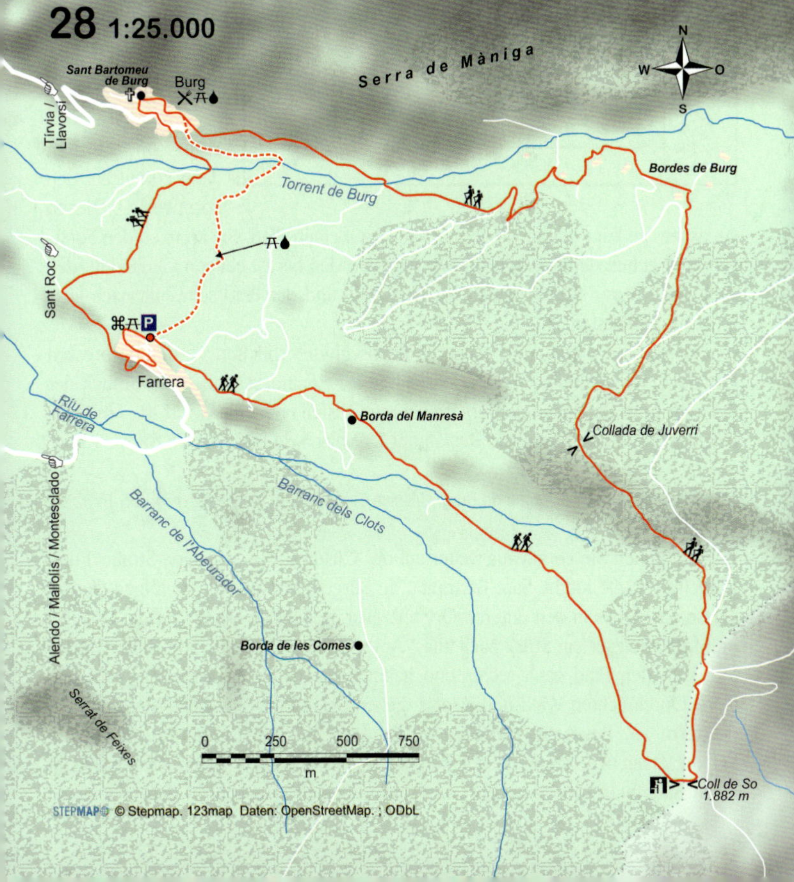

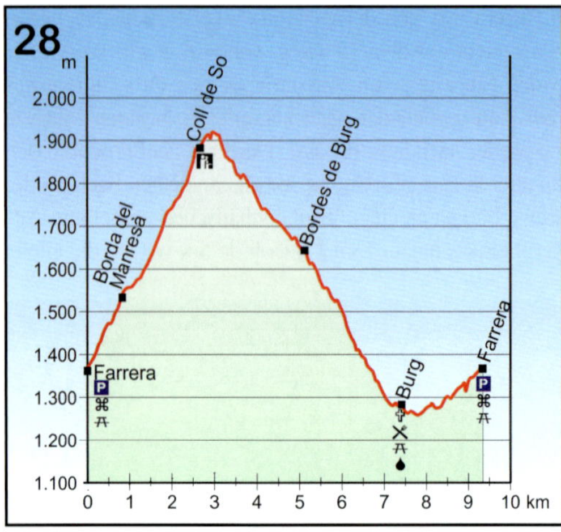

des Nationalparks Aigüestortes i Estany de Sant Maurici bestaunen können.

Sie stoßen hier auf ein unbefestigtes Forststräßchen, anstatt diesem aber zu folgen (was auch möglich ist), kürzen Sie ab und steigen auf dem Trampelpfad leicht bergan nach Norden in den Wald und treffen dann erneut auf den Forstweg. Diesen verlassen Sie kurz darauf wieder nach links auf einen Pfad. Sie kreuzen den Forstweg und gehen dann parallel zu ihm nach Norden bis zu einigen Gebäuden, den Bordes de Burg. Hier verlassen Sie den Wald und der Pfad schwenkt nach links in Richtung Westen.

Nach dem Durchqueren einiger Waldabschnitte erreichen Sie den pittoresken Ort Burg, wo ebenfalls eine Ortsbesichtigung, zumindest jedoch ein Besuch der ✞ Kirche Sant Bartomeu de Burg im oberen Ortsteil empfehlenswert ist. Am Ortseingang liegt linker Hand das Restaurant La Solana de la Coma de Burg.

✕ La Solana de la Coma de Burg, C/Única, 25595 Burg, Lleida, ☏ +34-635 16 32 63

Nun gehen Sie geradeaus weiter auf der C/Única (der „einzigen Straße") und erreichen so die Kirche Sant Bartomeu de Burg. Hinter der Kirche folgen Sie der Gasse nach links in den unteren Ortsteil. Hier stoßen Sie wieder auf die C/Única und folgen dieser ein Stück nach links. Am südlichen Ortsende von Burg nehmen Sie dann den Pfad nach rechts und halten sich an der nächsten Weggabelung links. Durch lichten Wald und Wiesen gehen Sie auf die ✞ Kapelle Mare de Deu de Serra zu. Bevor Sie die Kapelle, die sich 2017 in Restaurierungsarbeiten befand, erreichen, schwenkt der Weg nach links und dann gleich wieder links in einen Saumpfad, der Sie vorbei an Gärten, kleinen Häuschen – darunter einige

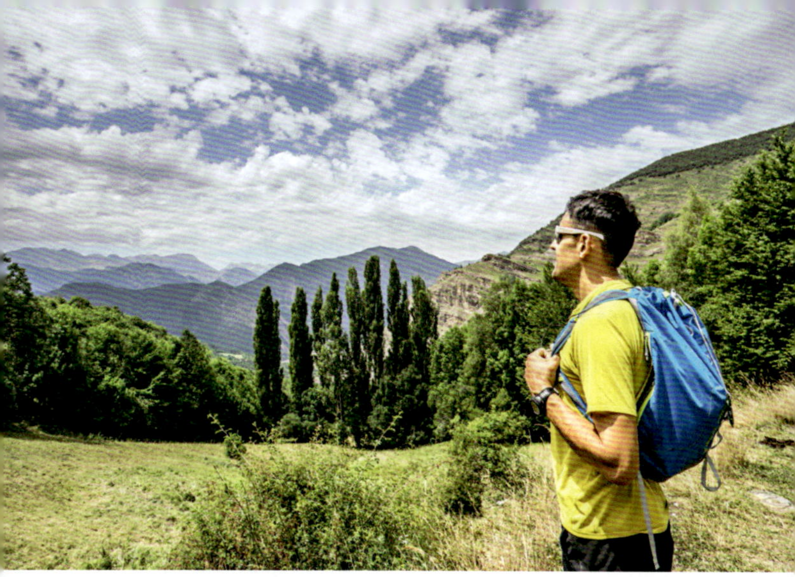

Zwischen Farrera und Burg

noch verfallene – bis zum unteren Ortsende von Farrera führt. Sie folgen nun der einzigen Straße, der C/Única, stets bergauf durch den Ort und an der ✝ Kirche Sant Roc und am ⌘ Kulturzentrum vorbei bis zum Ausgangspunkt.

⌘ Centre d'Art i Natura, Carrer Única Farrera 42, 25595 Farrera, ☏+34-973 62 21 06, keine festen Öffnungszeiten

☺ Der Landkreis Pallars Sobirà, mit den Zentren Llavorsí und Sort, ist ein Wassersportparadies. Sie können die Wanderung mit einer Rafting-, Canyoning- oder Kajaktour verbinden (z. B. www.kayaksort.net).

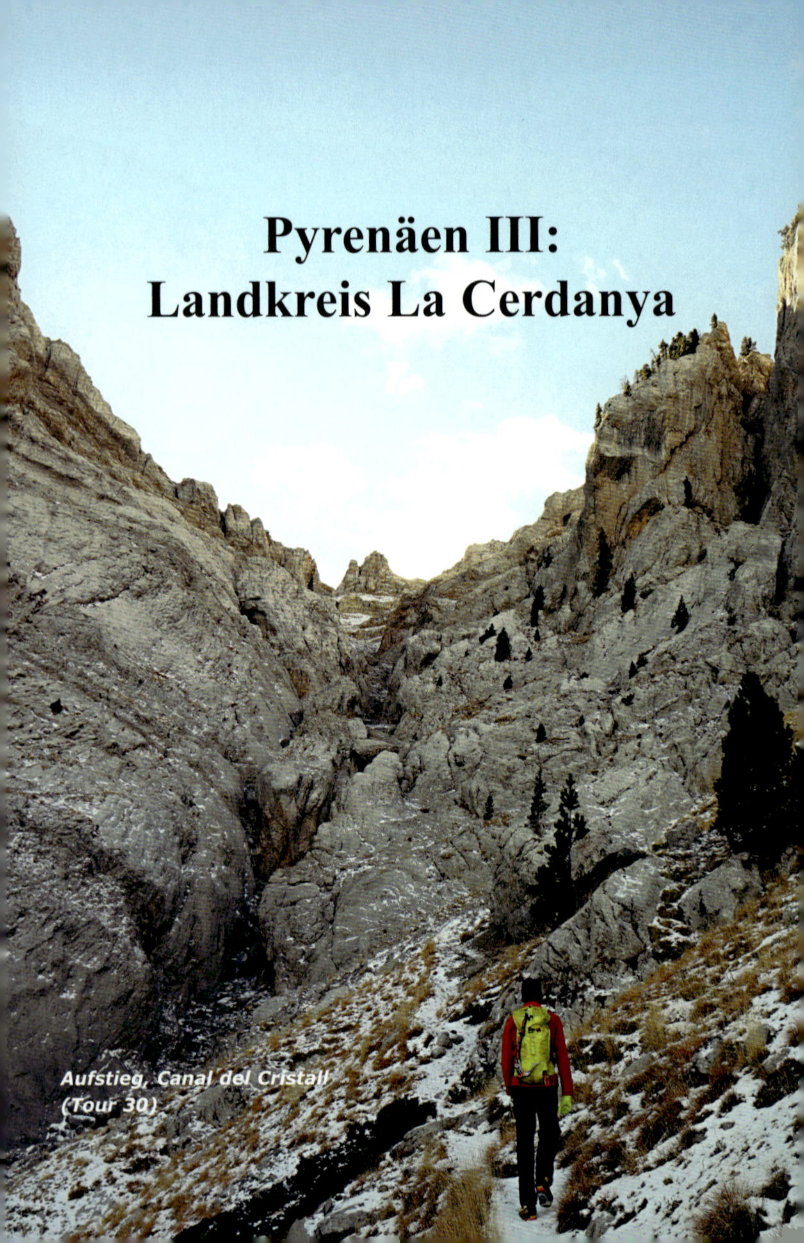

Aufstieg, Canal del Cristall (Tour 30)

29 Estany de Malniu

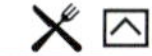

Tour für Naturliebhaber

Der Spaziergang zum Estany de Malniu bringt einen in den Genuss eines Hochgebirgssees. Man kann sich richtig vorstellen, wie hier die Gletscherzungen in der letzten Eiszeit den Kessel ausgeleckt haben, an dessen Grund nun der tiefblaue See liegt. Um diese hochalpine Erfahrung zu machen, müssen Sie allerdings überhaupt nicht weit laufen, denn Sie starten die Tour bereits auf über 2.000 m Höhe.

- Start/Ziel: Parkplatz unterhalb des Refugi de Malniu, GPS N 42°27.847' E 001°47.153'
- 4,2 km
- 1 Std. 15 Min.
- 291 m/291 m
- 2.173-2.361 m
- Steinmännchen
- Einkehrmöglichkeit im Refugi de Malniu (km 0 und km 4,2)
- Es gibt keine Bänke, aber Sie können schön auf den großen Steinklötzen am Ufer des Estany de Malniu (z. B. km 1,5 und km 3) rasten.
- In den Bergseen ist das Baden nicht empfohlen. Das empfindliche Ökosystem kann gestört werden.

Am Estany de Malniu

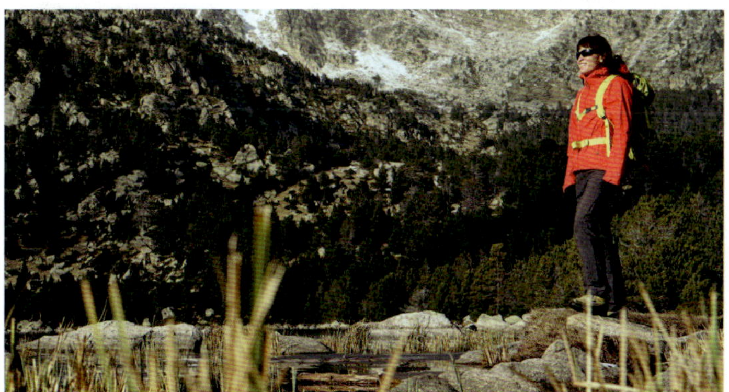

Die Tour ist für Kinder gut machbar und wird durch das Werfen von Steinchen am See oder das Entdecken der seltenen, aber hier häufigen Pyrenäenmolche spannend.

Für Hunde ist der Weg sehr gut geeignet. Sie sollten aber wegen des frei laufenden Weideviehs angeleint werden.

P Parkplatz am Refugi de Malniu. Eine Parkgebühr von € 3 ist bei der Hüttenwirtin zu entrichten – sofern das Refugi geöffnet ist.

keine Anreise mit Bus oder Bahn möglich

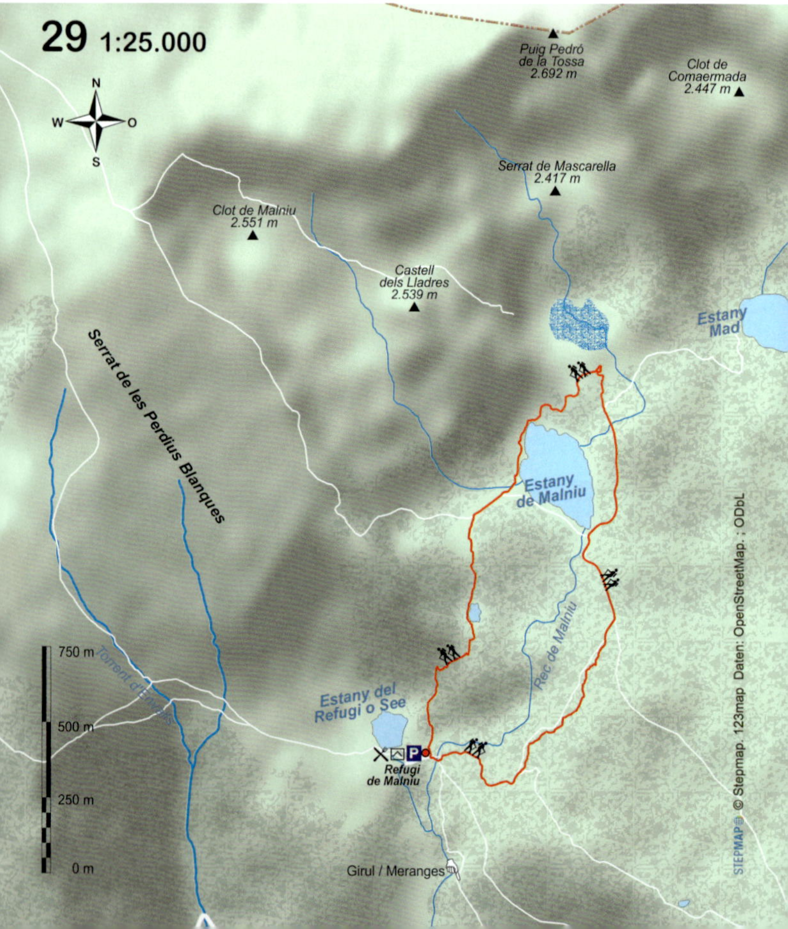

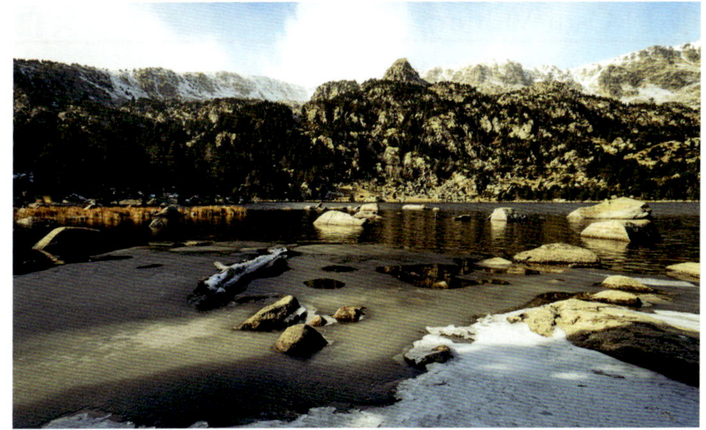

Der Estany de Malniu

Die Tour startet am Parkplatz vor der bewirtschafteten Berghütte Refugi de Malniu.

Refugi de Malniu, +34-616 85 55 35, www.refugimalniu.com, 15. Juni bis 15. Sept. und an allen Wochenenden und Feiertagen im Jahr

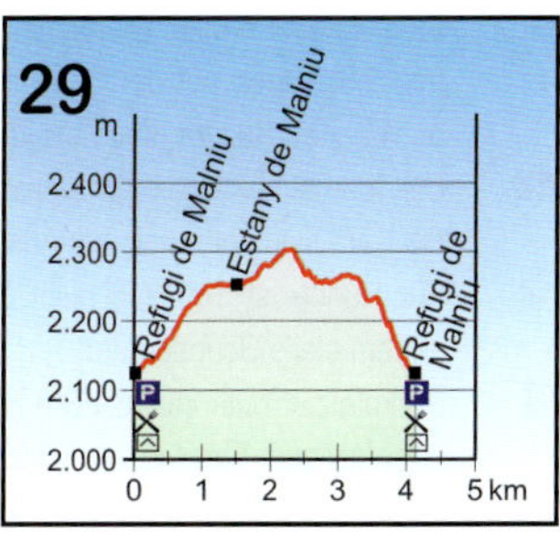

Rechts der Hütte geht der beschilderte und gelb markierte Weg zum Estany de Malniu ab. Es geht durch wunderhübschen Kieferwald bergauf bis zum Hochgebirgssee, der vom Gipfelrund des Puigpedrós, der mit seinen 2.914 m an der Dreitausendermarke kratzt, dem Puig Pedró de la Tossa und dem Puig Farinoles spektakulär eingerahmt wird. Sie gehen am Ufer entlang, das von großen Felsblöcken gesäumt wird, auf denen Sie wunderbar rasten können. Am Nordende des Estany de Malniu passieren Sie einen weiteren kleinen Bergsee und gehen dann am Westufer des Estany de Malniu wieder zurück zur Berghütte Refugi de Malniu.

30 El Cadí/Vulturó

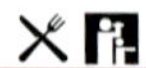

Tour für Naturliebhaber und Sportliche

Der erste Abschnitt der Tour bis zur Wiese Prat de Cadí ist ein beliebtes Ausflugsziel, auf dem Sie die Felsen des Cadí in voller Pracht genießen können. Hinter der Bergwiese beginnt dann die Einsamkeit und es folgt ein zuerst etwas undefinierter, dann extrem steiler Aufstieg durch die Rinne Canal del Cristall, die im Frühjahr und späten Herbst vereist sein kann. Von Anfang November bis Mitte April sollten Sie Steigeisen dabei haben und sich auf jeden Fall gut über die Bedingungen informieren. Doch die Strapazen lohnen sich: Das formschöne Hochplateau des Cadí ist ein ästhetischer Genuss und die Aussicht – im Süden bis zum Montserrat und im Norden auf die Pyrenäen – unvergleichlich.

Start/Ziel: Parkplatz Estana am Coll de Pallers, GPS N 42°18.915' E 001°39.512'

16 km

6 Std. 30 Min.

1.440 m/1.440 m

1.350-2.649 m

Steinmännchen, teilweise gelbe Markierungen, teilweise rot-weiße Markierungen

keine Einkehrmöglichkeit direkt am Weg, allerdings ein kleines Restaurant in Estana (außerhalb der Sommersaison nur an Wochenenden geöffnet), Quelle und Viehtränke Font del Pi (km 3,2)

Es gibt keine Bänke, allerdings ist die Wiese Prat de Cadí ein schöner Picknickplatz (km 2,9). Oben auf der Serra de Cadí finden Sie zahlreiche exzellente Aussichtspunkte zum Rasten (km 5 bis km 8), hier kann es aber sehr windig sein.

Die Tour ist nur für extrem wandererfahrene Kinder machbar. Auf- und Abstieg durch die Kare sind sehr steil. Ein Anseilen von Kindern könnte sinnvoll sein.

Für Hunde ist der Weg nicht geeignet. Der Auf- und der Abstieg erfolgen durch extrem steile Schotterkare.

P Parkplatz am Startpunkt, etwa 700 m nach dem Ort Estana. Sie müssen hierher dem unbefestigten Fahrweg in Richtung Serra de Cadí folgen. Alternativ können Sie auch im Ort Estana selbst parken.

keine Anreise mit Bus oder Bahn möglich

Vom Parkplatz, den Sie vom Ort Estana aus über eine kurze unbefestigte Straße erreichen, gehen Sie immer den gelben bzw. gelb-weißen Wegmarkierungen

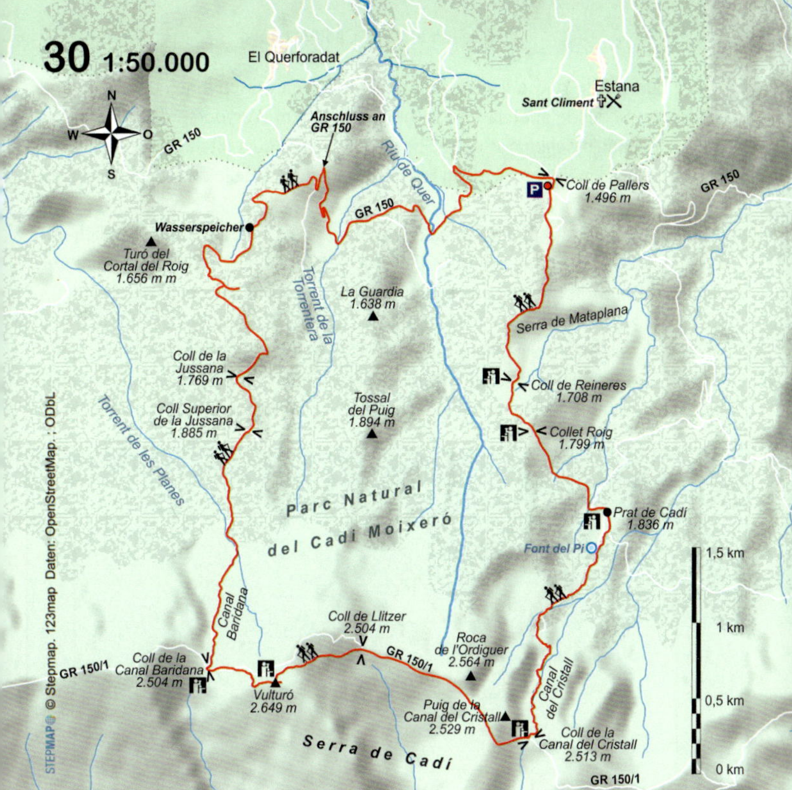

folgend durch einen wunderschönen Kiefern- und Tannenwald in Richtung Süden. Dabei folgen Sie zunächst einem Waldweg, von dem dann ein guter Wanderweg rechts abgeht. Immer wieder haben Sie Aussicht auf die Pyrenäen bis nach Andorra und Frankreich. Gute Aussichtpunkte sind zum Beispiel der Coll de Reineres und der Collet Roig. Vom offenen Wiesengrund Prat de Cadí können Sie die eindrucksvolle Nordwand der Serra de Cadí in ihrer vollen Pracht betrachten. Sie können bereits die Aufstiegsrinne Canal del Cristall und weiter rechts das Kar Canal Baridana, durch das der Abstieg führt, erkennen.

Wer nur einen kleinen Spaziergang durch den wunderschönen Wald gehen möchte, der kehrt am Prat de Cadí um.

Sie queren die Wiese (einige gelbe Markierungen weisen Ihnen den Weg) und steigen am Südende auf teilweise recht undefiniertem Weg durch den Wald bergauf. Gelegentlich sehen Sie die gelben Wegzeichen oder Steinmännchen. Nach insgesamt 3,2 km finden Sie dann rechter Hand die Quelle und Viehtränke Font del Pi.

In Serpentinen führt der schmaler werdende Weg bergan und schließlich aus dem Wald hinaus. Durch schroffes Gelände gehen Sie nun auf die Roca de l'Ordiguer und auf die gleichnamige Rinne zu. Dann schwenkt der Weg nach links und führt zum Einstieg der nächsten Rinne Canal del Cristall, der Sie nun steil hinauf folgen. An zwei Stellen, die mit gelben Wegzeichen markiert sind, müssen Sie sogar die Hände zu Hilfe nehmen. Nach oben hin wird die Rinne weniger steil und öffnet sich trichterartig. Die Wegmarkierungen führen auf die linke

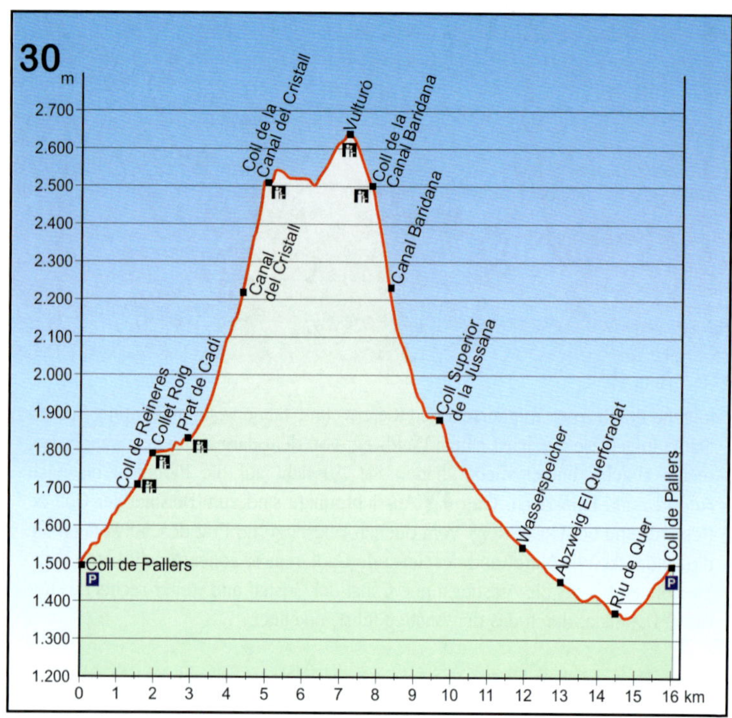

Seite des Trichters und hinauf auf den Coll de la Canal del Cristall und den lang gestreckten Bergrücken der Serra de Cadí. Hier treffen Sie auf den rot-weiß gekennzeichneten Fernwanderweg GR 150, den Sie nach rechts einschlagen.

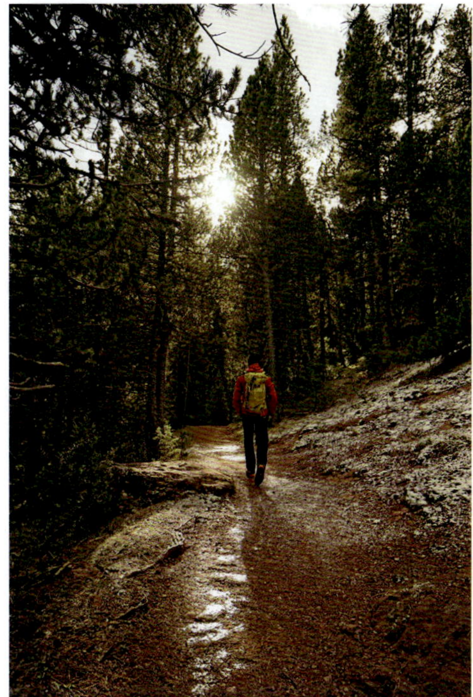

Vor dem Coll de Reineres, Auftakt des Aufstiegs zum Vulturó

Nach einer weiteren halben Stunde, in der Sie die fantastische Aussicht in alle Richtungen genießen können, erreichen Sie einen Abzweig nach links, der Sie kurz und steil ansteigend auf den Gipfel des Vulturó führt. Sie kehren dann zurück zum GR 150 und folgen diesem weiter bis zur Canal Baridana, einem steilen Schotterkar, dessen Einstieg am Coll de la Canal Baridana mit einem Holzpfahl markiert ist. Der Einstieg ist recht steil und bei Schnee sind hier Steigeisen nötig. Es empfiehlt sich, durch das Geröll in Kehren bergab zu gehen und sich im unteren Teil des Kars eher links zu halten. Sie verlieren enorm schnell an Höhe und queren nach rechts, nun rot-weißen Wegmarkierungen in Richtung eines Wäldchens folgend.

Durch den Wald folgen Sie nun teilweise einem etwas undeutlichen und nur mit Steinmännchen markierten Pfad bergab zum Coll Superior de la Jussana und dann bis zur weithin sichtbaren Lichtung des Coll de la Jussana. Von hier aus folgen Sie dem Wanderweg, der bald darauf auf einen unbefestigten Fahrweg nach

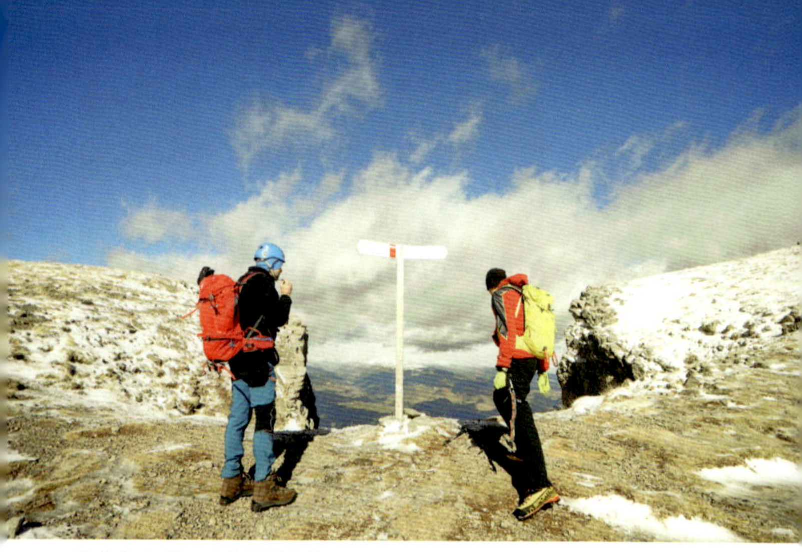

Coll de la Canal del Cristall

links einschwenkt. Im weiteren Verlauf kommen Sie an einem Wasserspeicher vorbei. Der Feldweg trifft auf den GR 150, der von Querforadat heraufkommt, und Sie folgen diesem nach rechts.

↳ Das Dorf Querforadat, das Sie über lange Strecken unter sich liegen sehen und das auf schroffe Felsen gebaut ist, ist einen Abstecher wert. Dazu gehen Sie an dieser Stelle nicht nach rechts, sondern nach links.

Von hier aus sehen Sie bereits den Parkplatz auf der gegenüberliegenden Anhöhe. Luftlinie sind es nur noch etwa 1,5 km, doch der Weg steigt zunächst zum Bach Ríu de Quer ab, um dann auf der gegenüberliegenden Seite wieder aufzusteigen. Schließlich erreichen Sie den Ausgangspunkt der Wanderung.

✝ Im Start- und Zielort Estana lohnt es sich, die romanische Kirche Sant Climent zu besichtigen.

31 Ribera de l'Alt Segre

Tour für Naturliebhaber und Familien mit Hund

Die Tour durch den lichten Laubwald am oberen Segre-Lauf ist ein gemütlicher Spaziergang durch das liebliche Hochtal der Cerdanya, die geologisch gesehen eine Senke ist. Besonders reizvoll ist die Tour im Herbst, wenn sich die Blätter färben. Trotz der Höhe ist es hier noch angenehm warm: Das Cerdanya-Tal ist das sonnigste der Pyrenäen. In Font Romeu steht daher einer der größten Sonnenöfen der Welt.

- Start/Ziel: Parkplatz Ribera de l'Alt Segre/Ermitatge de Quadres, GPS N 42°23.308' E 001°50.453'
- 5,4 km
- 1 Std. 30 Min.
- 100 m/100 m
- 1.070-1.114 m
- gelbe Markierungen mit den Nummern 153b, 158 und 747, Schild mit der Nummer 701, Jakobsmuschel
- keine Einkehrmöglichkeiten am Weg
- Picknickplätze und Bänke (ca. km 0,5, km 0,9 und km 3,5)
- Im Fluss Segre können Sie sich erfrischen (km 0,2 bis km 0,8), allerdings sollten Sie wie immer bei Flüssen auf die Strömung achten.

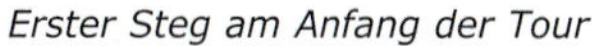

Erster Steg am Anfang der Tour

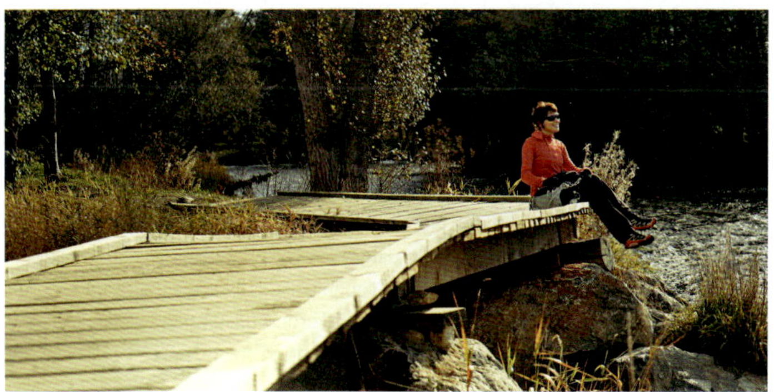

Die Tour ist für Kinder durch die Holzstege, die interessante Brücke und die Nähe zum Fluss interessant.

Für Hunde ist der Weg sehr gut geeignet. Trinkmöglichkeiten am Fluss.

Parkplatz am Ausgangspunkt. Diesen erreichen Sie, indem Sie am km 191 die N 260 zwischen den Ortschaften All und Isòvol auf ein unbefestigtes Sträßchen verlassen und bis zur Kapelle Ermitatge de Quadres fahren.

keine Anreise mit Bus oder Bahn möglich

Diese Tour kann sehr gut mit Buggys gelaufen werden.

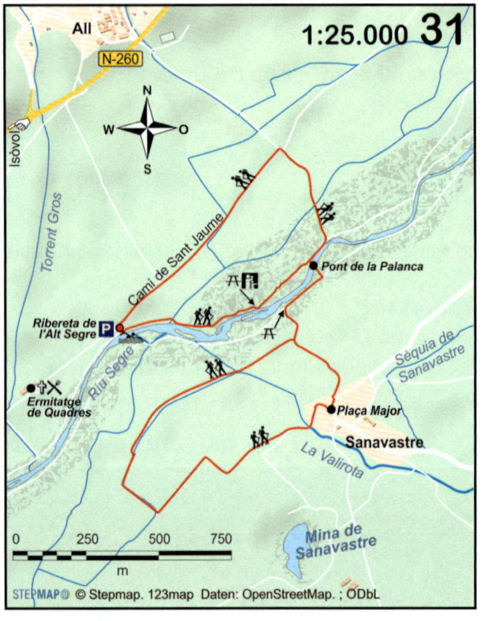

Sie starten am Parkplatz Ribera de l'Alt Segre, an der romanischen ✞ Kapelle Ermitatge de Quadres.

Sie können im Restaurant Ermitatge de Quadres in Isovol, Camí Ral s/n, nach den Schlüsseln für die Kapelle fragen.

Sie folgen dem bequemen Weg bis zum Flussufer des Segre, der langsam und in großen Bögen durch die Cerdanya-Senke fließt. Sie biegen dann nach links und gehen flussaufwärts, den gelben Markierungen mit der Nummer 153b (des Wegenetzes Senders de la Cerdanya, auf Deutsch „Wege der Cerdanya") folgend. Auf einem langen Holzsteg führt der Pfad zunächst über einen Nebenlauf des Flusses Segre und in den lichten, feuchten Laubwald, dessen Boden mit Farnen bestanden ist. Sie kommen an einem Picknickplatz sowie an einer Bank vorbei, von der aus Sie Blicke auf die Serra de Cadí genießen.

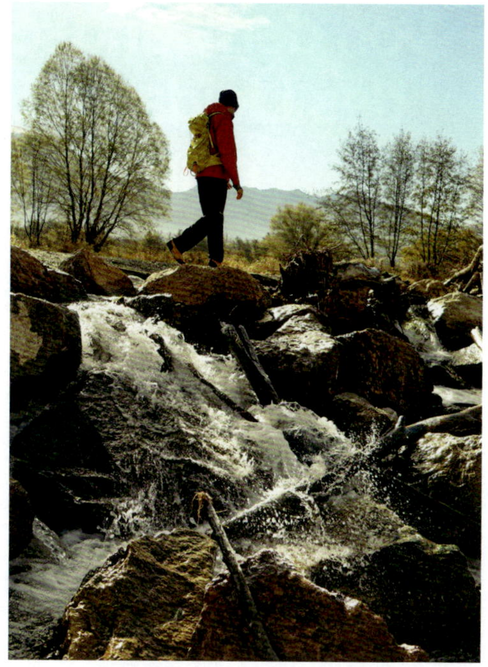
Am Flussufer

An einer eindrucksvollen Hängebrücke, der Pont de la Palanca, wechseln Sie nach 1 km das Ufer und erreichen einen weiteren ⛩ Rastplatz mit Bänken. Nun folgen Sie dem Weg ein kurzes Stück nach rechts in Richtung Südwesten, um dann gleich darauf nach links abzubiegen und das Flussufer zu verlassen. Der Weg führt nun auf den Ort Sanavastre zu. Doch Sie folgen dem Abzweig nach rechts, überqueren eine kleine Brücke und biegen erst 800 m weiter nach links ab. Dann biegen Sie wieder im 90°-Winkel nach links und folgen nun dem Weg, einen Abzweig nach rechts ignorierend, bis zum Ortsrand. Sie betreten den Ort über ein Brückchen und überqueren dann den Dorfplatz Plaça Major. Im Ort biegen Sie nach links in die Straße Carrer de la Font ein und folgen dieser bis zu den letzten Häusern. Dann folgen Sie einem Weg, markiert mit Schildern mit der Nummer 701, nach links bergab und erreichen so wieder die Weggabelung, an der Sie zuvor nach Westen gegangen sind. Sie gehen zurück zur Brücke und wechseln das Ufer. Jetzt gehen Sie nach rechts und dann nach links den Schildern mit der Nummer 158 folgend, die Sie über ein kleines Brückchen führen. An einem Wegweiser („ermita de quadres 1,2 km") schwenken Sie nach links auf den Jakobsweg, auf Katalanisch Camí de Sant Jaume. Gleichzeitig ist dies der Weg 153. Von hier aus geht es geradeaus weiter bis zum Parkplatz.

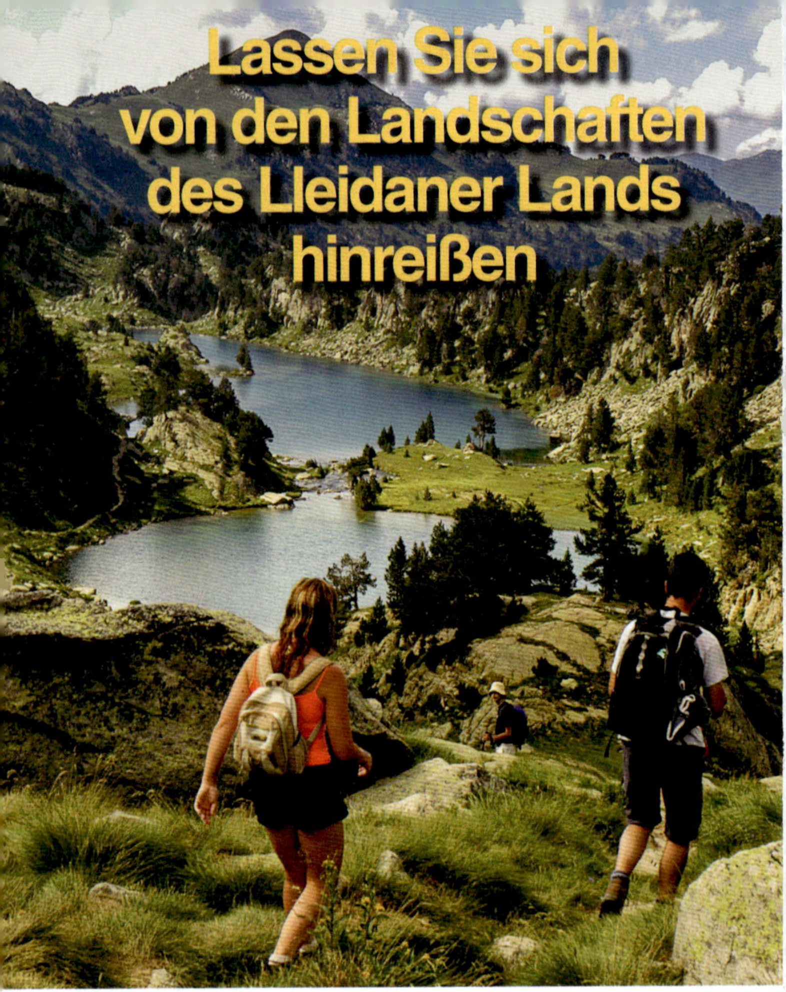